Lo Rápido Y Fácil
7 pasos para convertirse en un profesional del mercadeo en red para empresas

Jack Connor

Este libro está dedicado al Network Marketing Distributor.
Gracias por tener el coraje de seguir sus sueños.

Contenido

Jack Connor 1
Contenido.. 2
Introducción 6
CAPÍTULO 1 13
El mercadeo en red no es perfecto ... simplemente es mejor 13
Profesiones de cuello azul 15
Dueño de un negocio tradicional 21
La NUEVA Economía 27
El mercadeo en red es MEJOR 32
El "detalle" del mercadeo en red 34
CAPITULO 2 38
Si vas a ser parte del mercadeo en red, decide ser un profesional. Decídete por Go Pro 38
CAPÍTULO 3 46
Como en cualquier profesión, necesitará aprender algunas habilidades. 46
CAPÍTULO 4 50
Habilidad n.° 1: encontrar prospectos 50
CAPÍTULO 5 59
Habilidad n.° 2: invitar a los posibles clientes a comprender su producto u oportunidad 59

Regla número uno 69
Regla número dos 70
Regla número tres 70
Paso uno: tienes prisa 72
La estrategia súper indirecta 79
Paso cinco: Confirmación n. ° 1 - Compromiso de tiempo 84
Paso seis: Confirmación n. ° 2 - Confirme el compromiso de tiempo 86
Paso siete: Confirmación n. ° 3: programe la próxima llamada 87
Paso ocho: cuelgue 87
CAPÍTULO 6 94
Habilidad n. ° 3: presente su producto u oportunidad a sus prospectos 94
CAPÍTULO 7 105
Habilidad n. ° 4: haga un seguimiento de sus prospectos 105
Concepto # 1 - Hacer seguimiento es hacer lo que dijiste que harías. 105
Concepto n. ° 2: la única razón para tener una presentación es configurar la siguiente presentación 107
Concepto # 3 - Se necesita un promedio de cuatro a seis presentaciones para que una persona sea parte de este 112

Concepto # 4 - Condensar la presentación para obtener mejores resultados............ 114
Preguntas y objeciones 115
Cuando los prospectos tienen creencias limitantes sobre sus habilidades............. 117
Cuando los prospectos tienen creencias limitantes sobre el mercadeo en red 120
CAPÍTULO 8 126
Habilidad n. ° 5: ayudar a sus prospectos a convertirse en clientes o distribuidores.. 126
CAPÍTULO 9 135
Habilidad n. ° 6: ayudar a su nuevo distribuidor a comenzar 135
Entrevista para el plan de acción - Segunda parte... 137
Entrevista para el plan de acción - Tercera parte... 140
Entrevista para el plan de acción - Cuarta parte... 142
Entrevista para el plan de acción - Quinta parte... 143
CAPÍTULO 10 146
Habilidad # 7 - Promocionar eventos...... 146
CAPÍTULO 11 159
Todo lo que vale la pena lleva tiempo..... 159
Fórmula 1/3/5/7...................................... 161

Cuidado con los distractores 167
actuar 167
CAPITULO 12 176
Todo vale la pena................................... 176
La libertad que disfrutará 178
Las vidas que tocarás............................. 179
Los lugares que verás 182
Las causas a las que puede contribuir..... 184

Introducción

Recuerdo el día en que me presentaron por primera vez al mercadeo en red. Era enero de 1998. Tenía 23 años y estaba vendiendo bienes raíces para una pequeña empresa propiedad de mi padre y su amigo J. Joyce.

Me acababa de casar y tenía un hijo pequeño. Ya estaba atrasado en el pago de mis cuentas y tenía miedo. El año anterior, había ganado $ 45,000 en comisiones por la venta de bienes raíces, lo cual era muy bueno. El problema era que había gastado $ 60.000 y no había ahorrado dinero para pagar mis impuestos, que tenía que cubrir en unos meses.

Cuando J. Joyce vino a mi escritorio ese día y dijo: "Eric, creo que tengo una manera de hacer algo de dinero extra", le dije: "¡Cuéntame más!". Dijo que un buen amigo suyo tenía algo que enseñarnos y nos invitó a su casa. Entonces subí al auto con mi papá y John y fuimos a verlo.

Cuando llegamos, nos llevó a su sala de estar, puso una cinta en su VCR y presionó PLAY. Me senté y vi este video loco. Estaba lleno de mansiones, limusinas y declaraciones de personas que hacían fortunas casi de la noche a la mañana. Era tan exagerado que no podía creer que fuera cierto, así que les dije que me parecía una mala idea y que no me interesaba. Mis filtros mentales naturales no podían dejarlo entrar.

Entonces sucedió algo. John y mi papá dijeron: "Está bien, qué lástima. Lo vamos a hacer".

Esto tuvo un GRAN impacto en mí, ya que lo único peor que estar arruinado y endeudado era pensar que estos dos ganarían mucho dinero sin mí. Así que cambié de actitud, llevé a mi papá a un lado y le pregunté si me prestaría algo de dinero para poder registrarme. Gracias a Dios, dijo que sí porque la decisión de convertirme en un distribuidor de mercadeo en red cambió mi vida.

Cuando comencé, trataba este negocio como la mayoría de la gente, es decir, no lo trataba como un negocio. Entró, hizo algunas llamadas y esperaba tener la suerte de ganar algo de dinero. ¡Y al principio funcionó! Gana dinero y fue muy emocionante, aunque tengo que decir algo. Durante esos primeros meses, toda mi estrategia fue llamar rápidamente a todos los contactos de mi papá antes de que él pudiera. Pensé que si los llamaba les diría que mi papá y J. Joyce también eran parte de esto, y me reuniría con ellos o para que vieran un video, y si estaban interesados más tarde, mi papá. No pelearía por quién lo hizo porque yo estaba en su organización. Tuve un éxito limitado con esto pero, como puedes imaginar, no duró mucho.

Y así, tres meses después de comenzar, terminaron mis ingresos de mercadeo en red. Y cuando sucedió, mi actitud positiva desapareció. Comencé a culpar a todos y a todo por mi falta de éxito. Mi contacto no me estaba ayudando lo suficiente. La empresa no proporcionó la formación adecuada. No conocía a suficiente gente. Nadie me respetaba por ser joven. Culpó al producto. Culpó a la empresa. Culpó a la economía. Culpé a todos menos a mí mismo.

Pero tenía un gran problema. Culpar al mundo no me ayudaba a pagar mis cuentas. Y había dejado las ventas de bienes raíces después de mi primer cheque de comisión. Iba a tomar mucho tiempo obtener una comisión real por la venta de una propiedad inmobiliaria, y no tenía un título universitario, por lo que conseguir un trabajo decente no era una opción. El único lugar donde podía obtener dinero era en el mercadeo en red.

Así que bajé la cabeza y me puse a trabajar. Al principio no fue fácil. De hecho, ¡en mis primeros tres años reconstruí mi organización siete veces! Se las arregló para levantarlo y se caería en pedazos, y lo volvería a levantar y volvería a caer. Y otra vez.

Después de esos tres años, estaba muy desanimado. Casi había perdido la esperanza. Entonces sucedió algo que cambió mi vida. De hecho, fue una combinación de dos cosas. Era la noche anterior a la convención de la empresa y estaba viendo un programa de noticias en la televisión. Tenían un invitado que era experto en un tema que no recuerdo bien. Lo que se me pasó por la cabeza en ese momento fue: "¿Cómo alguien se vuelve un experto en ESE tema?" Lo único que se me ocurre es que deben haber decidido adquirir experiencia, aprender todo lo que pudieron, leer todos los libros, hablar con todas las personas y aprenderlo por completo para convertirse en expertos.

Al día siguiente fui a la convención de la compañía y vi a una superestrella tras otra mientras cruzaban el escenario. Entonces, fue como ser alcanzado por un rayo. Por fin, mi cerebro entendió que si realmente decidía hacerlo, podría convertirme en un experto en mercadeo en red. Podría concentrarme en las habilidades. Podía practicar hasta convertirme en un experto y NADIE podía detenerme.

Hasta entonces, siempre estaba buscando un enfoque. Esperaba tener suerte. Esperaba encontrar a esa superestrella que iba a cambiar todo. Y tenía miedo de perder mi oportunidad si eso no sucedía pronto.

En un instante, todo cambió. Me di cuenta de que no tenía que preocuparme por tener suerte. La posición y el momento eran buenos, pero no eran necesarios para el éxito a largo plazo. No tuve que preocuparme por mi asesor, conocer a la persona adecuada o cualquier otra cosa. Todo lo que tenía que hacer era convertirme en un experto.

Así que decidí que ese día cambiaría mi enfoque y desarrollaría las habilidades para convertirme en un profesional de mercadeo en red. Ese fue el día que cambió mi vida.

Desde entonces, mi vida ha sido una aventura increíble. El mercadeo en red se convirtió en una carrera para mí. Tengo total libertad en mi tiempo. He conocido a las personas más increíbles de todo el mundo. He podido tocar y ser tocada por la vida de cientos de miles de personas, he viajado por el mundo, he contribuido a las causas que son importantes para mí y, sobre todo, me he convertido en una mejor persona en el mundo. proceso.

Todo esto me pasó a mí y también te puede pasar a ti. En este libro, le daré los principios fundamentales que pueden guiarlo para convertirse en un profesional del mercadeo en red. Me han sido muy

útiles durante las últimas décadas y sé que también te serán muy útiles a ti.
¡Bienvenido a una emocionante aventura!

CAPÍTULO 1
El mercadeo en red no es perfecto ... simplemente es mejor

¿Te sientes inquieto? Estas insatisfecho? ¿Siente que debe haber una mejor manera de hacer las cosas en términos de su trabajo y la forma en que se gana la vida?

La buena noticia: SÍ, hay una mejor manera, pero es diferente a la que te enseñaron en la escuela. Dejame explicar.

Cuando viajo y hablo alrededor del mundo, me gusta jugar un juego con la participación de la audiencia. Les pido a las personas que me ayuden a crear el mejor negocio posible y les pido que mencionen cosas específicas que les gustaría tener en ese negocio, así como cosas que deben evitar. Siempre recibo una lista interesante. Si estuviéramos cara a cara, haría lo mismo contigo. Pero como ese no es el caso, resumamos lo que me han dicho personas de más de 30 países mientras creo lo que me gusta llamar "La lista de profesiones perfectas".

La gente suele empezar nombrando lo que no quiere:

- Sin jefe
- Sin desplazamientos al trabajo
- Sin despertador
- Sin empleados
- Sin políticas
- Sin compromisos
- Sin discriminacion
- Sin requisitos educativos

Más tarde, a medida que las personas usan su imaginación de una manera más positiva, comienzan a visualizar las características positivas:

- Algo positivo
- Gran producto o servicio
- Ingresos ilimitados
- Ingreso residual
- Disfruta de la gente con la que trabajas
- Libertad de tiempo
- Algo significativo

El mercadeo en red no es perfecto ... simplemente es MEJOR

- Crecimiento personal
- Muchos beneficios
- Internacional
- Contribuir a causas loables
- Riesgo bajo

- Bajos costos de puesta en marcha
- Resistente a la economía
- Beneficios fiscales
- ¡Divertida!

Ahora podría agregar algunos atributos, pero ¿no está de acuerdo en que es un muy buen comienzo? ¡Imagínese poder disfrutar de una profesión con todos esos atributos!

Todos los "trabajos" que conozco pertenecen a una de cinco categorías:

- Collar azul
- de cuello blanco
- Ventas
- Dueño de un negocio tradicional
- Inversiones

Profesiones de cuello azul

Esta es la definición de cuello azul en Wikipedia. "Un trabajador de cuello azul es un miembro de una clase trabajadora que hace trabajo manual". Mi definición es alguien que trabaja para arreglar algo, hacer algo, limpiar algo, construir algo o reparar algo (o alguien).

En mi vida, he tenido muchas profesiones de cuello azul. Y, para quienes han estado en esta línea de trabajo, existe una cierta satisfacción por el trabajo bien hecho.

Pero aquí está la gran pregunta: ¿Puede un trabajador de cuello azul cumplir con la Lista de Profesiones Perfectas? La respuesta obvia es no. Seguro, puede cumplir con algunos de los atributos. Puede tener un gran producto y bajos costos de puesta en marcha o con algunos de los otros elementos de la lista, pero si realmente mira, el trabajador de cuello azul no puede llevarlo a donde desea estar. No te lleva a "La profesión perfecta".

Profesiones de cuello blanco

Esta es la definición de cuello blanco en Wikipedia.

"El término trabajador de cuello blanco se refiere a la persona que realiza un trabajo profesional, administrativo o administrativo, en contraste con un trabajador de cuello azul, cuyo trabajo requiere trabajo manual. El trabajo de cuello blanco generalmente se lleva a cabo en una oficina o cubículo. "

Mi definición es una persona que es empleada por otra persona para realizar actividades distintas al trabajo manual o las ventas.

Mucha gente elige una profesión de cuello blanco, ya que es una de las opciones disponibles más aceptadas por la sociedad. Se ha establecido durante mucho tiempo como la opción segura y confiable. Recientemente, eso ha cambiado. El contrato implícito de que si eres leal a la empresa, la empresa te lo será hace mucho tiempo.

También he sido un trabajador de cuello blanco. En mi experiencia, hay dos tipos de personas que hacen este tipo de trabajo: los de alto rendimiento y los escondites.

Los triunfadores son personas que quieren desempeñarse al más alto nivel posible. Son ambiciosos, motivados y enérgicos. Están llenos de ideas y quieren ascender en la escalera corporativa, que son excelentes atributos para tener. Pero hay una desventaja del Achiever.

Tan pronto como una persona decide convertirse en un triunfador, también se convierte en un objetivo. Tu jefe te ve como una amenaza para su trabajo, por lo que comienzan a hacer menos o atacan tu reputación. Sus colegas lo ven como una persona que los dejará en la vergüenza o evitará que obtengan un ascenso, por lo que comienza a hacer todo lo posible para socavar sus logros.

Entonces, para seguir siendo un triunfador y sobrevivir en este ambiente hostil, una persona debe volverse muy buena en algo que no tiene nada que ver con su productividad, y eso es en política. Deben aprender a navegar por el mundo político reduciendo a sus enemigos y fortaleciendo sus relaciones con personas poderosas. De hecho, algunas de las personas más exitosas del mundo empresarial no son

Triunfadores. Son políticos puros.

Entonces, si decides trabajar en el mundo empresarial y tienes que ser un triunfador, tienes que aceptar el hecho de que también tienes que ser un buen político.

Ahora, hablemos de los escondites. Estas son las personas que ODIAN la política, pero aún necesitan un trabajo. Estas personas aprenden a no ser triunfadores ambiciosos. No sobresalen. No hablan en reuniones.

No aportan nuevas ideas. Se esconden. Mantienen la cabeza baja y hacen lo que se les dice que hagan. Hacen solo lo suficiente para que no se hable de ellos de forma negativa. Sobreviven.

Y esto ha funcionado durante décadas. Pero en la Nueva Economía, esconderse es cada vez más difícil. Y la gente se está quedando sin tiempo.

Bien, volvamos a nuestra Lista de verificación de profesión perfecta: ¿Puede un trabajador administrativo completar la lista? Una vez más, la respuesta es clara: no, ciertamente no en muchas áreas.

Ventas

Algunas personas optan por dejar de ser un "empleado" y comenzar una carrera en ventas. Ciertamente, esto es más intrépido, ya que a los vendedores generalmente se les paga sobre la base de su producción y no por hora.

He conocido a miles de vendedores. Hay un tema común que he observado a lo largo de mi carrera. El vendedor típico tendrá un período en el que todo saldrá a la perfección. Todo lo que tocan se convierte en oro y ganan muy buen dinero.

Tan pronto como eso sucede, casi siempre establecen un estilo de vida adecuado para ese nivel de ingresos. Compran una casa nueva, compran autos nuevos, inscriben a sus hijos en mejores escuelas, compran una casa de vacaciones, lo compran todo. Todo va bien por un tiempo.

Y luego algo cambia. La empresa cambia el plan de compensación, su territorio se reduce, aparece un competidor, pierden a su mejor cliente, la economía entra en recesión, una nueva tecnología hace que su oferta sea menos valiosa o las regulaciones gubernamentales para su industria cambian. Estos son solo algunos ejemplos. Hay cientos de razones por las que el mundo de un vendedor puede ser (y probablemente lo será) más complicado.

Cuando eso sucede, junto con el gran estilo de vida que han desarrollado, 40 horas a la semana no es suficiente para pagar las facturas. Así que van hasta 50 horas a la semana. Y luego a 60. Y luego a 70. Y luego su vida es muy pequeña. Sí, tienen muchas cosas, pero no tienen tiempo para disfrutarlas.

El otro desafío para la profesión de ventas, sin importar cómo se desempeñe una persona, es que tendrá que empezar de cero al día siguiente. Puede ser muy agotador vivir bajo este tipo de presión durante un largo período de tiempo.

¿Puede la profesión de ventas pagar las facturas? Seguro. ¿Puedes cumplir con la profesión perfecta que hemos descrito anteriormente? De nuevo, la respuesta es no.

Dueño de un negocio tradicional

Algunas personas persiguen el gran sueño: construir su propio negocio donde son el jefe y toman todas las decisiones. Es una idea emocionante, ¿verdad? Esta es la realidad para la mayoría de las personas:

Paso uno: Usan sus ahorros, contraen nuevas deudas y, a menudo, piden dinero prestado a amigos y familiares para comenzar.

Segundo paso: Se endeudan más en forma de ingresos y garantías personales en todas partes.

Paso tres: Ahora, en lugar de centrarse en lo que son buenos (digamos que son buenos en ventas y deciden comenzar su propio negocio), tienen que ser todo para todos. Actúan como abogado para asuntos legales, contador para asuntos financieros y agente de cobranza de cuentas por cobrar. Incluso sacan la basura. Hacen TODO excepto vender, ya que para eso son buenos.

Paso cuatro: Ellos luchan. En lugar de ser dueño de su propio negocio, el negocio es dueño de ellos. Son la primera persona en venir a trabajar y la última en irse. Y después de que todos los demás reciban su pago, es posible que obtengan suficiente dinero para al menos pagar sus propias facturas, pero eso no le permite reducir la deuda contraída para iniciar su propio negocio.

Paso cinco: Tienen éxito o fracasan. Llegan a un punto en el camino en el que su negocio tiene éxito o fracasan, a menudo se declaran en quiebra y vuelven a trabajar en ventas o en un entorno corporativo. E incluso si tienen éxito en su negocio, eso generalmente significa una vida llena de largas horas de trabajo y estrés.

Suena romántico, ¿verdad? Si nunca ha comenzado su propio negocio, pregunte a sus amigos si lo han hecho sobre si esta descripción es apropiada o no. A la mayoría de las personas que inician su propio negocio no les importa obtener un retorno de su inversión. Solo quieren recuperar su inversión. Está muy claro que ser propietario de un negocio tradicional no puede cumplir con la Lista de Profesiones Perfectas que hemos descrito. Inversor

La última categoría de las formas en que puede ganarse la vida hoy es la del inversor. ¿Qué necesitas para ser inversor? Dinero, ¿verdad? Si no tiene mucho dinero, será muy difícil ganarse la vida con los rendimientos de sus inversiones, especialmente si intenta ser conservador para reducir el riesgo de pérdida.

Pero digamos que sí. ¿Qué es lo segundo que necesita para ser un inversor exitoso? Debes ser muy hábil y tener muchos conocimientos. Puedo hablar de aquellos que han sido hábiles inversores inmobiliarios. Pero cuando las cosas cambiaron drásticamente en el mercado inmobiliario, sus habilidades no pudieron ayudarlos. Perdieron mucho.

¿Le gustaría invertir en el negocio tradicional de alguien? Buena suerte. En la mayoría de los casos, no podrá ser inversor; terminarás siendo filántropo.

¿Y qué hay del mercado de valores? A la gente no le va tan bien allí, ¿verdad? A algunas personas les va bien, al menos de vez en cuando. Pero conozco gente que perdió y luego ganó, especialmente en la última década. Es difícil obtener un rendimiento garantizado cuando no tienes el control. Y créanme, como inversores, ustedes NO tienen el control. Cualquier cosa puede pasar de la noche a la mañana.

Déjame contarte una historia para ilustrar este punto. A finales de 2001, vivía a lo grande. Acababa de vender una empresa que cofundé y trabajaba como consultor muy bien remunerado. Por mi parte de la venta, recibí aproximadamente 170.000 acciones de la nueva empresa. La empresa cotizaba en la Bolsa de Valores de Nueva

York y el precio rondaba los 44 dólares por acción, lo que significaba que mis acciones valían alrededor de 7,5 millones de dólares. Tenía grandes ingresos y una gran cartera de inversiones. Mi vida fue la MEJOR.

Usé parte de mis acciones para obtener un préstamo para construir una casa por alrededor de $ 2 millones de dólares, para la casa de mis sueños que iba a construir. En cuanto al resto, no me diversifiqué porque sabía que la empresa estaba en excelentes condiciones con un buen producto y un equipo de ventas fenomenal.

Entonces sucedió algo fuera de mi control. De la noche a la mañana, las acciones se negociaron a 37 dólares la acción por parte de un grupo de inversores que se habían centrado en la empresa y habían puesto en corto sus acciones. En sí mismo, cuanto más bajara el precio de las acciones, más dinero ganarían.

Pensé que era ridículo porque a la empresa le estaba yendo muy bien, así que compré más acciones a $ 37 dólares, usando mis acciones actuales como garantía, sabiendo que el precio subiría.

Bajó a $ 33. Compré más acciones. Bajó a $ 27. Comencé a recibir advertencias sobre llamadas de margen, lo que significaba que si no les enviaba dinero, comenzarían a vender mis acciones para cubrir las pérdidas. No tenía dinero para enviar.

Las acciones siguieron cayendo. Habían bajado a $ 10 por acción y mis $ 7,5 millones se habían ido. ¡Maricón! Todo en menos de 90 días. Finalmente, las acciones subieron de precio y la empresa fue privatizada a $ 65 por acción. Pero yo no estaba allí para sacar provecho de esa situación. Fue terminado.

¿Podría haber sido más inteligente? Seguro. ¿Cometí errores? Absolutamente. Pero aquí está la lección: si va a ser un inversor, debe aceptar que, de vez en cuando, las cosas se saldrán de su control. Y cuando eso sucede, puede resultar muy caro.

Bueno, volvamos a la lista de profesiones perfectas.

¿Puede ser inversor, poner algo a la altura de la lista? No lo creo.

Hemos hablado sobre el trabajo manual, el trabajo administrativo, las ventas, ser propietario de un negocio tradicional y ser un inversor. Y ninguna de esas actividades puede cumplir con nuestra Lista de Profesiones Perfectas. ¿Es posible incluso tener la profesión perfecta? La respuesta es sí, pero para llegar allí es necesario comprender que todo está cambiando. Los viejos modelos de compensación están muertos o agonizantes, y estamos atravesando el mayor cambio económico de todas nuestras vidas.

La NUEVA Economía

El mundo tal como lo conoces ha cambiado. Para quienes no reconozcan este hecho, será el peor de los tiempos. Para aquellos que lo hagan, será el mejor de los tiempos.

Durante los últimos 100 años se ha producido un fenómeno interesante. El surgimiento de la corporación se convirtió en el estándar de la sociedad. El lugar seguro y respetado para que las personas existieran en un lugar de trabajo era ser un empleado.

Paso uno: Vaya a una escuela para aprender a ser un empleado.

Segundo paso: Encuentra una empresa que te contrate.

Paso tres: Trabaja para esa empresa desde hace 40 años.

Paso cuatro: Jubilarse.

En las últimas décadas, la promesa de ser recompensado por la empresa por su lealtad y arduo trabajo ha quedado al descubierto como un mito. La gente empezó a darse cuenta de que la lealtad que le estaban dando a su empresa no se les devolvía. Entonces, se desarrolló un proceso diferente.

Paso uno: Vaya a una escuela para aprender a ser un empleado.

Segundo paso: Encuentra una empresa que te contrate.

Paso tres: Cambie de empresa por diversas razones políticas y económicas, cada tres o cinco años, a lo largo de su carrera.

Paso cuatro: Tenga en cuenta que no puede jubilarse cómodamente después de 40 años, por lo que sigue trabajando.

Y ahora estamos atravesando el cambio más grande de todas nuestras vidas. Durante un siglo, las empresas han pagado a sus empleados por hora, por semana o por año. Esto está cambiando a nivel mundial.

El mundo avanza hacia una economía basada en el desempeño. Y ya está sucediendo. Esto es lo que eso significa: en el futuro, solo se le pagará en función de su desempeño. No te pagarán por tu tiempo. Las personas en la industria de servicios de alimentos ya viven según este modelo. Reciben un pago por hora bajo, como lo exige la ley, y ganan su dinero en función de las propinas que se basan en su desempeño.

Si puedes imaginar que se aplica el mismo modelo en prácticamente todos los trabajos del mundo, te darás cuenta de que está en camino. A la persona que limpia las habitaciones en un hotel no se le pagará por hora, se le pagará por la habitación.

Para los trabajadores de oficina, aquí hay un ejemplo.

Una persona tiene un salario anual de $ 60.000 dólares.

Paso uno: La empresa reducirá su salario a unos 50.000 dólares porque en el mercado actual hay personas que aceptan un trabajo por una cantidad menor.

Segundo paso: Reducirán su salario "base" a unos 20.000 dólares.

Paso tres: Le dirán a esa persona que pueden ganar $ 30,000 adicionales durante el año si cumplen con ciertas metas de desempeño mensualmente.

En otras palabras, si cumple sus objetivos, puede ganar $ 2,500 adicionales por mes. Ahora hay una gran presión y a la empresa le encanta. Si no cumple con los objetivos estadísticos, pueden ahorrar aún más dinero. Si CUMPLES las metas, ¿adivina cuál es tu futuro? Los requisitos van a aumentar.

A menos que sea extremadamente especializado, esto le sucederá, si es que aún no ha sucedido. Puedes apostarlo. Y eso sucederá para todas las profesiones en todo el mundo. Ha comenzado la evolución.

¿Por qué ha sucedido esto? Primero, por ser un mejor modelo para la empresa. Obtendrán mejores resultados gracias a mejores costes. En segundo lugar, la Nueva Economía necesita menos personas, por lo que las empresas tienen menos personas compitiendo por cada vez menos puestos de trabajo.

Permítanme explicar por qué la Nueva Economía necesita menos personas. El aumento exponencial de la tecnología lo ha cambiado todo. Durante los últimos 100 años,

El 90% de la población trabajaba en la agricultura. Hoy en día, debido a los aumentos dramáticos en la eficiencia, es menos del 1% y los trabajos agrícolas han desaparecido.

¿Recuerda los centros de llamadas de servicio al cliente donde hablaba con la gente? Hoy, hablas con una máquina y esos trabajos han desaparecido. ¿Recuerda cuando las empresas tenían muchos vendedores? Hoy en día, la gente compra en línea y esos trabajos han desaparecido. ¿Te acuerdas de Blockbuster Video y de todos sus empleados? Hoy en día, la gente ve películas en sus dispositivos móviles y tabletas, y esos trabajos han desaparecido. Me encantan los libros y deberías ir a la librería local mientras puedas. Pronto pasarán a la historia, y los puestos de trabajo que tienen esas tiendas también desaparecerán.

Podría seguir y seguir con prácticamente todas las categorías de trabajo del mundo. La tecnología y la eficiencia están eliminando puestos de trabajo todos los días y no hay nada que podamos hacer para detenerlo. De hecho, solo seguirá acelerándose. Si está sentado esperando que la economía se recupere y los trabajos vuelvan, deténgase. No volverán.

Así como los hijos de los agricultores vieron las señales y dejaron la finca para buscar nuevas vocaciones, lo mismo está sucediendo con las personas en trabajos de la vieja economía. Para sobrevivir, deberán abrir los ojos a esta realidad y encontrar algo nuevo.

El mercadeo en red es MEJOR

La mejor manera que conozco no solo para sobrevivir, sino también para sobresalir en la Nueva Economía, es el Mercadeo en Red. En la actualidad, existen productos y servicios importantes en todo el mundo que deben promoverse entre las personas que los necesitan. Aún es necesario educar a los consumidores.

Las empresas tienen opciones. Pueden ingresar al mundo cada vez más fragmentado de la publicidad para correr la voz, pueden contratar un equipo de ventas grande y costoso para vender sus productos o servicios, o pueden usar el mercadeo en red para contar su historia al mundo..

Cada vez más empresas optarán por utilizar el mercadeo en red, ya que encaja con la nueva economía. Pueden brindar apoyo corporativo completo y pagar a todos los distribuidores simplemente en función de su desempeño en la promoción de sus productos. Es extremadamente eficiente porque, en la Nueva Economía, el boca a boca sigue siendo la mejor manera de promover un producto o servicio. La empresa puede utilizar el dinero que habría gastado en publicidad y promoción y pagar a sus distribuidores para difundirlo.

Lo que eso significa para usted como emprendedor es que puede recibir todos los beneficios de ser dueño de un negocio tradicional, pero sin los riesgos típicos del mismo. Y no habrá límite en sus ingresos porque las empresas de mercadeo en red QUIEREN que gane todo el dinero que pueda ganar. Si de todos modos le pagarán en función de su desempeño, ¿por qué establecer un límite?

El "detalle" del mercadeo en red

Todo esto suena genial, y lo es. Pero hay un detalle que la mayoría de la gente no menciona. Aquí lo tienes:

Debes aceptar una pérdida temporal de tu estima social por las personas ignorantes.

Esto significa que, durante un tiempo, las personas que todavía viven y tratan de funcionar en el antiguo sistema pensarán menos en ti. No lo entenderán. Pensarán que estás loco por estar involucrado en el mercadeo en red.

De hecho, la palabra "aceptar" no es del todo exacta. Necesitas hacer más que eso. Debes aceptar la pérdida temporal de tu estima social por las personas ignorantes. USTED está viendo el futuro antes de que se vuelva evidente para los demás. TÚ eres el inteligente. USTED es la persona que está actuando para vivir una vida mejor.

Hay una razón por la que la gente pensará en ti de esa manera, y no es solo porque estás atrapado en el antiguo sistema. Veamos si puedo hacerte entender todo esto mejor, porque si decides que el Network Marketing es tu profesión, es importante que lo sepas.

La mayoría de las personas se han unido a una empresa de mercadeo en red o conocen a alguien que lo ha hecho. Esto es lo que pasa por la mente de casi todos los que deciden involucrarse. "¡Hmm, puedo pensar en cinco o seis personas que hacen esto! ¡Mi hermana sería genial para esto! A mi amigo le encantan este tipo de cosas. ¡Conozco a otra gran persona para esto! Ok, lo voy a hacer. "

En otras palabras, no se están incorporando a la profesión. Solo esperan tener suerte, conseguir que algunas personas se unan al proyecto para cubrir sus propios costos de inicio y sentarse a esperar a que comience a llegar el dinero. La atracción de que le paguen por el esfuerzo de otra persona es poderosa, pero a menudo es incomprendido.

No han iniciado un negocio real. Simplemente han comprado un boleto de lotería glorificado. Imagínese un billete de lotería con seis posibilidades de rascar y ganar. Esas oportunidades representan a cada una de las personas que la nueva persona cree que seguramente se unirá. Se acercan a esas personas y tratan de hacer que se unan. Debido a su falta de habilidad, la mayoría termina sin nada, como un boleto de lotería. Esto se convierte en otra oportunidad perdida, y debido a que han actuado con ignorancia y sin ninguna habilidad, posiblemente también hayan dañado algunas amistades. Entonces rompen el boleto en lugar de asumir la responsabilidad de no comenzar un negocio real y culpar al mercadeo en red, asegurándose de decirle a todos: "Miren, he estado allí. He hecho. He hablado con todos los que conozco y el mercadeo en red no está funcionando. Ahorre su dinero ".

ESO es a lo que te enfrentarás si eliges esto como tu profesión: la opinión de personas ignorantes que piensan que lo han hecho correctamente y que no funciona. Si eso va a ser demasiado para ti, entonces el mercadeo en red no es para ti. Pero si puedes aceptarlo, el mundo es tuyo.

Las personas que lo aceptan obtienen MUCHO dinero. Las empresas pagan cantidades ilimitadas a personas que pueden ayudar a los ciegos a ver, que educan a los ignorantes y que pueden construir una comunidad de personas de ideas afines.

A algunas personas les gusta decir: "La percepción es la realidad". Realmente odio ese dicho. Todos los grandes líderes del mundo lo han ignorado durante siglos. ¿Y si Nelson Mandela hubiera dicho que la percepción es la realidad? ¿Y si Martin Luther King Jr. hubiera dicho que la percepción es la realidad? ¿Y si Steve Jobs hubiera dicho que la percepción es la realidad? Los grandes líderes del mundo dijeron: "La realidad es la realidad y voy a hacer todo lo posible para ayudar a la gente a entenderla".

La verdad es que el Network Marketing no es perfecto. Es MEJOR. ¡Y esa es la realidad!

CAPITULO 2
Si vas a ser parte del mercadeo en red, decide ser un profesional. Decídete por Go Pro

Hay tres categorías de personas en el mercadeo en red. Los he visto todos y he sido todos. Son los impostores, los aficionados y los profesionales.

Impostores

Los impostores tratan esta profesión como un boleto de lotería. Esperan poder ganar mucho con el menor esfuerzo posible. Cuando comencé, era un impostor, esperando ganar gracias al trabajo de mi padre y su socio. Por suerte, obtuve algunos resultados y eso me permitió seguir adelante, al menos a corto plazo. Pero creo que estarás de acuerdo conmigo en que seguir siendo un impostor es una mala idea. En 90 días dejé esa categoría y me convertí en aficionado. Aficionados

Los aficionados se enfocan en cosas diferentes. Una de las cosas en las que seguí centrándome como aficionado fue la suerte. Realmente esperaba tener suerte y contratar a un gran distribuidor que me haría rico. Todos hemos escuchado las historias de una persona cuya vida fue cambiada por un disco. En realidad, incluso si algunas de esas historias son ciertas, no ayuda mucho a nuestra profesión porque hace que las personas pasen su tiempo esperando ese gran momento.

La segunda cosa en la que me concentré como aficionado fue la sincronización. Siempre me preocupé por el momento adecuado. ¿Llegué lo suficientemente temprano? ¿Podrías ser la persona más joven al más alto nivel de la empresa? ¿Cuántos otros líderes había ya en el mercado local? ¿Había ya muchos contra los que competir? ¿Hubo suficientes para poner en marcha las cosas? ¿Era demasiado grande? ¿Perdí la curva de crecimiento? ¿Era demasiado pequeño? Estaba obsesionado con el momento oportuno.

La tercera cosa en la que me concentré como aficionado fue la posición. ¿Estaba en la organización correcta? ¿Había otras personas en una posición mejor que la mía? Quizás no tenía el contacto adecuado. ¿Estaría mejor en otro lugar?

Y la cuarta cosa en la que me estaba enfocando como aficionado eran los atajos. Siempre estaba buscando un nuevo ángulo.

Cualquiera que sea el truco que encontró, lo usó. ¿Publicidad en periódicos? Bueno. Se colocaron carteles de ayuda solicitada al costado de las carreteras. Vamos a hacerlo. ¿Entregar folletos en el centro comercial? Seguro. ¿Ir de puerta en puerta? Vamos a intentarlo. Internet no existía cuando yo era aficionado. Imagínese lo locamente loco y feliz que sería con todas las tácticas de

Internet que podría haber usado y que me hubiera distraído. Lo que quiero decir es que cada vez que me enteré de que alguien en el mundo estaba enseñando un nuevo enfoque, estaba buscando un atajo.

Luego, al final, me decidí por Go Pro (ser un profesional). La definición de Wikipedia para un profesional es: "Una persona a la que se le paga por realizar tareas especializadas y completarlas a cambio de una tarifa". Mi definición de un profesional de mercadeo en red es: "Una persona que es experta en las habilidades necesarias para construir una organización de mercadeo en red grande y exitosa".

Hay una frase en nuestra profesión que hace más daño que bien. Dice: "La ignorancia en llamas es mejor que el conocimiento congelado". El punto de esta frase es que es mejor estar emocionado e ignorante que apático e inteligente. Eso puede ser cierto, pero ¿por qué elegir uno u otro?

Dejame darte un ejemplo. Digamos que necesita una operación. En el hospital, conoce a su médico. Entra y dice: "Estoy muy emocionado de haber terminado su operación. Me apasiona tanto que casi no puedo dormir. Nadie en el planeta quiere ayudarte más que yo. "Usted dice:" Vaya, gracias doctor. ¿Cuánto tiempo ha estado realizando este tipo de operación? ". Él responde:" Bueno, en realidad nunca he estudiado para esta operación en particular. Nunca la he practicado y he nunca lo hice, pero eso no importa porque soy muy apasionado por esto! ". ¿Cómo te vas a sentir? El entusiasmo es bueno, pero eventualmente necesitas unir la pasión con las habilidades.

Los atletas profesionales pasan horas y horas preparándose para una competencia, pero cuando se trata de unirse al Network Marketing, no pasan un día aprendiendo nuestras habilidades. Los médicos dedican décadas de su vida, con gastos altísimos, a ser mejores médicos, pero a la hora de incorporarse al Network Marketing, no pasan un mes estudiando y practicando ser Profesional.

En su libro Outliers, la investigación de Malcolm Gladwell mostró que se necesitan aproximadamente 10,000 horas de práctica para llegar a un nivel de experto en algo. Con cuatro horas de práctica al día, esto nos lleva a un total de aproximadamente siete años. Esa fórmula también se aplica al mercadeo en red. Se necesitarán alrededor de siete años para ser de clase mundial. La buena noticia es que esta profesión es un poco más flexible y puedes ganar mucho dinero convirtiéndote en un experto. El truco es no estar satisfecho con eso. No dejes de aprender incluso cuando estés ganando dinero.

Cuando decidí convertirme en Pro (convertirme en profesional), todo cambió para mí. Dejé de concentrarme en la suerte, en el momento, la posición y los atajos adecuados. Incluso dejé de concentrarme en el dinero.

Mi mundo cambió cuando comencé a concentrarme en las habilidades y me comprometí a practicar, practicar y practicar hasta que lo dominé.

Otra cosa que sucedió cuando me decidí por Go Pro. De repente, mi grupo comenzó a crecer. Era como si la gente pudiera sentir mi cambio de enfoque y compromiso con la excelencia y quisiera ser parte de ello. Piense en un momento de su vida en el que estuvo cerca de una persona comprometida con la excelencia. Puede haber sido un maestro, un entrenador, un jefe o un amigo. ¿Cómo te hizo sentir? Te inspiró, ¿verdad? Descubrirás que inspirarás a otros cuando realices este importante cambio.

Si vas a formar parte de esta gran profesión, decide hacerlo bien y trátala como una profesión. Si opta por Go Pro, este negocio es genial. Si te mantienes como un impostor o un aficionado, te vas a sentir miserable.

Ahora habrás notado que uso mucho la palabra profesión. Lo hago a propósito. El mercadeo en red es más que un proyecto. No es una industria; es una profesión. Si lo haces bien, es una gran carrera. Puede provocar que dejes el trabajo en un trabajo que no te hace feliz, para alcanzar un estado de total libertad.

Por eso llamé a mi sitio NetworkMarketingPro.com. Esto es lo que le digo a la gente todos los días: "Damas y caballeros, mi deseo para ustedes es que decidan convertirse en profesionales del mercadeo en red, que decidan convertirse en profesionales, porque es un hecho que tenemos una mejor manera de hacerlo. Ahora se lo contamos al mundo".

Cuando el sitio se lanzó el 11 de marzo de 2009, muy pocas personas se autodenominaron profesionales del mercadeo en red. Ese ya no es el caso.

Millones de personas han cambiado su forma de pensar sobre nuestro negocio y estoy orgulloso de ello.

- *Espero con ansias el día en que sea común que la gente escuche:*
- *Soy médico, pero también soy un profesional de mercadeo en red.*
- *Trabajo en la construcción, pero también soy un profesional de mercadeo en red.*
- *Soy un atleta, pero también soy un profesional de mercadeo en red.*

Cuanta más gente escuche estas palabras, más preparado estará el mundo para un camino mejor.

CAPÍTULO 3
Como en cualquier profesión, necesitará aprender algunas habilidades.

Espero que ya se haya convencido de que el mercadeo en red es una mejor manera. Espero también haber dejado claro que si vas a formar parte de ella, es mejor que te conviertas en un profesional. El siguiente paso es reconocer que necesita aprender algunas habilidades. Pero antes de revisar esas habilidades, permítame darle algunas buenas noticias.

A diferencia de la mayoría de las profesiones, no necesitará mucho dinero para su educación. No necesitará obtener un préstamo estudiantil e incluso puede ganar dinero mientras aprende. Además, esta profesión no es crítica. De hecho, es la oportunidad más justa del mundo entero. Sus antecedentes, experiencia, contactos, edad, raza o género no serán factores en su capacidad para aprender las habilidades que le permitirán decidirse por Go Pro.

Además, esto no es complicado. Las habilidades necesarias para que una empresa sea grande y exitosa son fáciles de aprender y se sorprenderá de la cantidad de personas que lo ayudarán a aprender.

Hay tres elementos básicos para su negocio de mercadeo en red.

1) Primero, tienes los productos de la empresa. Si algunas personas tienen éxito en la publicidad de esos productos y usted no, no es culpa del producto. En otras palabras, todos en la empresa tienen el mismo producto que ofrecer.

2) En segundo lugar, tiene el plan de compensación de la empresa. Si algunas personas ganan mucho dinero y usted no, no es culpa del plan de compensación. No hay plan para hombres y uno para mujeres. No hay un plan para diferentes grupos de edad, ni por antecedentes educativos, ni por color de piel.

El plan es el mismo para todos.

3) El tercer elemento es el más importante, y ese eres TÚ. Eres la única variable. Todos tienen el mismo producto y plan de compensación, pero tú serás la diferencia entre el éxito y el fracaso.

Eso significa que en este punto, debe aceptar plenamente la responsabilidad de su negocio de mercadeo en red. Decide hoy que nunca culparás a nadie ni a nada por tu falta de resultados.

De hecho, en Network Marketing hay algo así como una epidemia. A la gente le encanta culpar a sus contactos (las personas que están por encima de ellos en la estructura) por todos sus problemas. "Si mi contacto hiciera esto o aquello por mí, todo sería mejor".

Si está comprometido con la construcción de una organización grande y exitosa, quiero aconsejarle que haga algo importante. Quiero que se despida de su contacto. Llámalos y diles algo como:

"Quiero agradecerles por esta oportunidad. Yo aprecio. Tener su propio negocio es importante y agradezco que me haya presentado la empresa en la que cree y en la que creo ahora. Pero de ahora en adelante, cuando se trata de construir mi negocio, te usaré como un recurso y no como una excusa. Posiblemente te llame de vez en cuando. Si estás disponible, genial. Si no es así, también está bien. Voy a construir mi negocio y entiendo una cosa: esto empieza y acaba conmigo ".

Todo cambia cuando acepta la responsabilidad total de su carrera en Network Marketing.

¿Le sorprendería saber que solo hay siete habilidades fundamentales necesarias para construir un gran negocio en Network Marketing? Siete, no 70. Cada uno es muy básico, pero siempre me sorprende el poco esfuerzo que hace la gente para aprenderlos. Si se ofreciera un curso sobre mercadeo en red en la universidad, sería una de las clases más fáciles de tomar. No es ciencia espacial, pero te alegrará saber que es uno de los conjuntos de habilidades mejor pagados del mundo. Exploremos cada uno juntos.

CAPÍTULO 4

Habilidad n.° 1: encontrar prospectos

Cuando vemos gente en el mercadeo en red, una de las grandes preguntas es: "¿Conozco a alguien?" Creen que si conocen a alguien, pueden tener mucho éxito, y que si no conocen a nadie, no tendrán ninguna posibilidad. Suena lógico, pero no es cierto.

Como mencioné en el CAPÍTULO 2, hay tres tipos de personas en el mercadeo en red: impostores, aficionados y profesionales. Cuando se trata de encontrar prospectos, los impostores hacen una lista mental de tres, cuatro o cinco personas que esperan que se unan a su negocio, y todo su futuro se basa en la respuesta de estas personas. Si tienes la suerte de convencer a uno de ellos, puedes extender la vida de tu carrera por un corto tiempo. Incluso pueden hacer otra lista mental de tres o cuatro personas. Eventualmente, o eso esperamos, decidirán convertirse en aficionados.

¿Le sorprendería saber que aproximadamente el 80% de todas las personas que se unen al mercadeo en red se enfocan en construir un negocio como impostores? Es cierto. El primer acercamiento de ocho de cada 10 distribuidores en este negocio es con la mentalidad de un impostor. Hacen una pequeña lista mental y ven qué pasa. Tu trabajo es asegurarte de que no eres uno de ellos y ayudar a tu equipo a evitarlo. Educar a las personas. Ayúdelos a comprender cuán poderosa puede ser esta oportunidad si la tratan con el debido respeto. Para los impostores, su única oportunidad real es la suerte, y esa suerte debe llegar rápido o fracasarán.

El segundo grupo son los aficionados. En lugar de hacer una pequeña lista mental, estas personas hacen una lista escrita, que es un paso en la dirección correcta. Digamos que haces una lista de 100 prospectos. Se lanzan con mucha ilusión pero sin mucha habilidad. Empiezan con él y su lista empieza a encogerse. A medida que te haces más y más pequeño, tu nivel de ansiedad aumenta. Su mayor temor es que no haya más personas con las que hablar. Sé que ese era mi mayor miedo.

Cuando tenía poco más de 20 años, mi lista no era nada de lo que presumir. Como mencioné, traté de usar los contactos de mis padres y no tardé en quedarme sin nombres. Pronto todos sabían lo que estaba haciendo y habían dicho que sí o no. Fue espeluznante. Sentí que si no encontraba grandes personas en mi lista, y si no lo hacía rápidamente, iba a fracasar en este negocio.

Nunca se me ocurrió que encontrar personas de calidad como prospectos fuera una habilidad. Hasta este punto de mi nueva profesión, siempre vi "la lista" como un boleto a la riqueza. Si tuvieras una buena lista, tendrías éxito, y si tuvieras una mala, tuviste suerte o fracasaste.

Cuando llegué a mi momento decisivo y me comprometí a convertirme en profesional, comencé a estudiar a las personas que habían construido organizaciones grandes y exitosas. Descubrí que los profesionales trataban la búsqueda de personas con las que hablar como una de sus habilidades fundamentales. Formaba parte de su trabajo encontrar gente nueva. No les interesaba la suerte. No les preocupaba que se les acabara la lista. Desarrollaron la habilidad para asegurarse de que eso nunca sucediera. Los profesionales comenzaron con una lista escrita. Pero después se comprometieron a no dejar de añadir nada a la lista. Crearon algo llamado "Lista de candidatos activos" y les mostraré cómo hacer lo mismo.

Una de las personas que me enseñó a hacer esto correctamente fue Harvey Mackay, autor del bestseller How to Swim with the Sharks.

Sin ser comido vivo(Cómo nadar con tiburones sin que se los coman vivos). Harvey es un buen amigo y también uno de los mejores en mercadeo en red del mundo. Una vez le pregunté cómo había construido una lista tan larga de amigos influyentes. Me dijo que cuando tenía 18 años, su padre se sentó con él y le dijo: "Harvey, de ahora en adelante y por el resto de tu vida, quiero que lleves a todas las personas que conoces, obtengas su información de contacto y encuentre una manera creativa de mantenerse en contacto ". Lo ha hecho durante más de 60 años, y hoy su lista de amigos tiene más de 12.000 personas. Y no son solo amigos sociales. Son verdaderos amigos y me considero afortunado de estar entre ellos.

Si desea dominar esta habilidad, siga estos cuatro sencillos pasos:

Paso uno: Tu lista será lo más completa posible. Incluya a todas las personas en las que pueda pensar. TODAS. No importa si es un prospecto o no. Su base de datos será uno de sus activos más importantes. Todos van a la lista. Si son negativos, póngalos en su lista. Si los odia, póngalos en su lista. Si es tu mejor amigo, ponlos en tu lista. Si le han dicho: "Nunca entre en el mercadeo en red", póngalos en su lista. Si tienen 98 años, ponlos en tu lista. Si tiene 18 años, ponlos en tu lista.

Es importante hacerlo, porque a medida que vacías tu mente hacia el papel, dejarás espacio para nuevos contactos. Cuando escriba a su sobrino, comenzará a pensar en el círculo de personas que lo rodean. Todas estas conexiones se harán evidentes a medida que avance en su lista. Piense en todo: cada organización en la que ha estado involucrado, cada grupo en el que ha sido parte de todo lo que ha hecho. Si lo hace bien, serán cientos y cientos, o quizás miles, de personas.

No todas las personas de su lista deben ser prospectos. Esa decisión es tuya. Pero es extremadamente importante que haga el trabajo necesario para plasmar su red en papel.

Segundo paso: ¿Has oído hablar del concepto de que todos estamos a seis contactos de cualquier persona en el mundo? ¿Seis grados de separación? No sé si es un mito o si es verdad, pero creo en el concepto. El segundo paso es mirar su lista y pensar en las personas que conoce: el segundo grado de separación. Probablemente conozcas a la mayoría de ellos.

Piense en los miembros de su familia. ¿A quién conoces? Agrégalos a tu lista. Piense en sus amigos. ¿A quién conoces? Agrégalos a tu lista. Piense en todas las relaciones de su vida. ¿A quién conoces?

Agrégalos a tu lista. No se preocupe por lo que va a hacer con esa lista. Hablaremos de eso más tarde. Sigue haciéndolo crecer.

Paso tres: Amplíe su lista constantemente. Es por eso que los profesionales la denominan "Lista de candidatos activos". Nunca deja de crecer. Los profesionales tienen el objetivo de agregar al menos dos personas a su lista cada día. Puede que no sean prospectos pero, como dijo el padre de Harvey Mackay, van a la lista y hay que encontrar formas creativas de mantenerse en contacto. El libro de Harvey Dig Your Well Before Your Thirsty trata este concepto. Si piensa en esto como una habilidad fundamental, se dará cuenta de que no es muy difícil. Entras en contacto con personas todos los días. Solo agréguelos a su lista. Conoces gente a través de las redes sociales. Agrégalos a tu lista. Haces negocios con gente nueva. Agrégalos a tu lista.

Mi amigo Jordan Adler es el autor de Beach Money®, y él también tiene una ganancia de siete cifras del Network Marketing. Es un maestro del paso tres.

Vive su vida y siempre está haciendo nuevos amigos y, si nos fijamos en su negocio, casi todas las personas que ha reclutado en su organización son personas que no conocía antes de comenzar su negocio de mercadeo en red. El es un profesional.

Los profesionales desarrollan un mayor nivel de atención. Prestan atención al mundo. Saben que encontrarán gente nueva todo el tiempo. Los impostores y los aficionados no se dan cuenta. Simplemente pasan el día diciendo: "¿Qué gente?

No veo a ninguna persona".

¿Qué tan difícil sería aumentar su atención y agregar dos personas nuevas cada día? Piénsalo. Si lo hiciera seis días a la semana, serían más de 600 personas nuevas al año. Hazlo durante 5 años, y hay más de 3.000 personas. ¿Puede ver por qué los profesionales nunca se preocupan por quedarse sin gente con quien hablar?

Por favor, comprenda que NO estoy diciendo que deba saltar sobre estas personas con su propuesta en el momento en que las conozca. Algunas personas en el mercadeo en red cometen ese error y no es bueno. Solo agrégalos a la lista, haz amigos, desarrolla una conexión y, cuando sea el momento adecuado, puedes ayudarlos a comprender lo que tienes para ofrecer.

Paso cuatro: Conoce gente a propósito. Los profesionales lo hacen. Es difícil conocer gente nueva si te estás escondiendo del mundo. Sal. Divertirse. Inscríbete en un gimnasio. Ten un nuevo pasatiempo divertido. Ofrézcase como voluntario para una causa que sea importante para usted. Encuentra lugares y organizaciones donde puedas conocer gente nueva. No solo será bueno para su negocio, sino que también hará grandes amigos.

CAPÍTULO 5
Habilidad n. ° 2: invitar a los posibles clientes a comprender su producto u oportunidad

Una vez que haya identificado a sus prospectos, la siguiente habilidad es aprender a invitarlos adecuadamente para conocer más sobre su producto u oportunidad. Esta es, con mucho, la habilidad más importante a desarrollar. Yo lo llamo la habilidad de "entrada" para el mercadeo en red. Si no logras que la gente vea lo que tienes para ofrecer, entonces podemos adivinar cómo será tu futuro en MLM.

La mayoría de las personas piensan que deberían comenzar con una gran reputación y tener mucha influencia sobre los demás para revisar lo que ofreces. Eso no es verdad. Cuando comencé en 1988, no tenía ni reputación ni influencia. Tan pronto como terminé la escuela secundaria, asistí a la universidad comunitaria durante un semestre antes de abandonarla, y tenía un total de 18 trabajos, todos antes de los 23 años.

¿Crees que tenía el respeto de mi comunidad? No tengo nada. Y siendo una persona que ganaba entre $ 5 y $ 10 por hora, todos mis amigos estaban en la misma situación y no podían ayudarme. La mayoría de ellos todavía vivía con sus padres.

Pero estaba desesperado. Al principio, completé con números lo que me faltaba en términos de mi capacidad. Llamé a todos los que conocía y les presenté mi propuesta. Algunos fueron registrados. La mayoría no lo hace. Coloqué anuncios en el periódico local. Presenté mi propuesta a todos los que respondieron al anuncio. Con toda esa actividad, algunos se inscribieron. La mayoría no lo hace.

Probé todo. Era como un cazador en busca de un elefante. Iba a todas partes con una pistola / oportunidad en la mano y disparaba a todo lo que se movía. No me importaban las relaciones. Todo lo que me importaba era conseguir un nuevo recluta. Mi actitud fue: "Algunos lo hacen. Algunos no. ¿Importa? ¡La siguiente!".

Pero al ser un cazador, todos los que me rodeaban se sentían como presas y empezaron a evitarme. Y eso no fue divertido. Peor aún fue que las personas que se unieron a mi negocio intentaron hacer lo mismo, fracasaron y renunciaron. Después de tres o cuatro años de frustración, llegué a mi punto de inflexión y comencé a estudiar a personas exitosas en MLM para ver qué hacían. Lo que encontré me sorprendió. No eran cazadores. Eran como granjeros. Construyeron relaciones. Construyeron amistades.

Aprendieron a ganarse la confianza de las personas que conocían y fueron muy hábiles para transmitir lo que creían en sus productos y oportunidades. Su objetivo no era reclutar inmediatamente a sus prospectos. Su objetivo inicial era educar a sus prospectos sobre lo que tenían para ofrecer y luego dejar que esos prospectos decidieran si era algo que querían hacer.

Este fue un GRAN cambio de estrategia para mí y comencé a ver las cosas de manera diferente. Me puse en el lugar de los prospectos y pensé en qué sería atractivo para mí y qué me pondría a la defensiva. Me di cuenta de cómo los profesionales estaban obteniendo excelentes resultados. En lugar de actuar como tiburones, eran como entrenadores o consultores. Construyeron relaciones y luego ofrecieron soluciones de sentido común a los problemas de las personas. ¿A quién no le gustaría eso?

La otra cosa que noté con los profesionales es que no estaban dando un "discurso" sobre su producto u oportunidad. En cambio, cuando era el momento adecuado, invitaron a las personas a hacer una de dos cosas, según la situación individual del cliente potencial.

Lo primero que hicieron fue invitar a la gente a asistir a algún tipo de evento, como reuniones uno a uno o dos a uno con otro miembro de su equipo, una conversación telefónica entre tres personas, una presentación en grupo pequeño en su casa. , un seminario en línea, una reunión en un hotel local o un evento o convención de la empresa. Los profesionales comprenden que la interacción personal es un componente clave cuando se busca generar confianza y transferir lo que se cree, con el fin de intentar conectar con las personas tanto como sea posible.

Lo segundo que hicieron fue invitar a la gente a revisar algún tipo de herramienta. Soy un gran creyente en el uso de herramientas para ayudar a educar al cliente potencial. Las herramientas adoptan muchas formas. Son CD, DVD, revistas, folletos, sitios web y presentaciones en línea. Con algunas empresas, incluso puede permitir que las personas prueben el producto y lo traten como una herramienta.

No hay duda de que la tecnología está en constante evolución, ofreciéndonos formas cada vez más convenientes de ayudar a educar a los prospectos, pero tengo que agregar mi opinión personal basada en mi experiencia. Si bien la tecnología nos permite llevar información de calidad a las personas, rápidamente, no hay nada como una herramienta física. En un mundo de bits y bytes, y en el mundo del mercadeo en red donde es importante generar confianza, una herramienta física lo hace realidad.

De los dos métodos utilizados para ayudar a educar a los prospectos, los eventos son los más efectivos. Hay muchas razones. Hay una interacción física al conocer gente y eso ayuda a generar confianza. Hay un elemento importante de "prueba social". Es valioso para el cliente potencial poder ver que hay otras personas involucradas activamente y saber cómo son esas personas. Hay educación sobre el producto y la oportunidad financiera. Ven el tipo de apoyo en persona y se dan cuenta de que no tendrán que hacerlo todo ellos mismos. En la mayoría de los casos, hay emoción y urgencia en estos eventos. Y pueden escuchar las historias de cómo les va a otras personas.

Éstos son algunos de los beneficios. El único inconveniente de los eventos es que puede ser difícil programar y confirmar a las personas, especialmente para una persona nueva. Si no tienes las habilidades necesarias, es muy común que invites a veinte personas y solo se presenten una o dos. Eso puede resultar abrumador.

Para construir una organización grande y en crecimiento, he encontrado una herramienta para ser un mejor primer paso. Recuerde, su objetivo es la educación y la comprensión. Queremos que la gente sepa lo que tenemos y comprenda cómo beneficia sus vidas. Una herramienta es una excelente manera para que las personas se eduquen (y, con suerte, se emocionen), incluso con sus vidas ocupadas. Es posible que no tengan tiempo de conducir de un lado a otro de la ciudad para conocerte, pero pueden escuchar un CD en su automóvil, mirar un DVD, leer una revista o ver una presentación en línea.

Si miras mi carrera, verías que, para mí, las herramientas lo cambiaron todo. En 1990, mi empresa lanzó un video dinámico y emocionante. Aunque en ese entonces era muy caro a $ 15 cada uno, valió la pena porque cuando aprendiste a invitar a la gente a ver el video, los resultados fueron considerables.

Todos en la empresa se enfocaron en un método operativo diario enfocado en invitar a las personas a ver nuestro video. No permitimos distracciones. Toda nuestra cultura giró en torno a esta estrategia y nuestro crecimiento se disparó. Los eventos fueron importantes, pero fueron después de que una persona viera el video.

Al adoptar este nuevo enfoque, mi organización finalmente explotó y pude disfrutar de la experiencia de tener un grupo creciendo conmigo o sin mí. Fue muy divertido y difícil de describir. Mi grupo creció de unas pocas docenas a unos cientos y luego a unos miles. Todo lo que hice fue aprender cómo tener éxito invitando a la gente a un evento, enseñándoles a todos a hacer lo mismo.

El segundo gran avance en mi carrera llegó con la cinta de audio. Sí, dije cinta de audio. Era 1992 y era todo lo que teníamos. La empresa estaba lanzando algo nuevo y emocionante, y esta vez yo personalmente grabé un audio que explicaba en detalle la oportunidad que se presentaba. Vendimos cada uno por 50 centavos, lo que cubría nuestros costos, y en menos de un año, esa pequeña cinta de audio vendió más de un millón de copias. Enseñamos a las personas cómo invitar a posibles clientes a que tomen esa cinta de audio, la pongan en su automóvil y la escuchen de inmediato. Los resultados fueron increíbles.

Capacitamos a las personas para que obtuvieran primero 100 cintas de audio, se las dieron a todos los que conocían y luego se concentraron en conseguir dos personas al día. Usando ese sistema simple, mis ingresos crecieron a casi $ 1 millón al año.

Diferentes empresas utilizan diversas herramientas y eventos como estrategias para hacer crecer su negocio. Algunos usan fiestas en casa. Algunos usan presentaciones en línea. Algunos utilizan reuniones cara a cara con revistas y gráficos.

Encuentre lo que funciona mejor para su empresa en particular, desarrolle un método diario de operaciones y luego capacite a las personas para que hagan lo mismo con éxito e invite a sus prospectos.

Como un profesional, invitará a sus prospectos a revisar una herramienta o asistir a un evento. Esto es lo que NO hará: NO presentará su propuesta a personas que intentan sorprender al mundo con su sabiduría. Ese enfoque alimentará tu ego pero robará tu cuenta bancaria.

Déjame darte mi fórmula para la independencia financiera en el mercadeo en red.

Su capacidad para lograr que un grupo grande de personas haga constantemente algunas cosas simples durante un período de tiempo prolongado.

Fue esta fórmula la que me ayudó a salir de la mediocridad en el mercadeo en red y te ayudará a ti a hacer lo mismo.

Durante años, me concentré y dependí de mi capacidad para persuadir a la gente de que se uniera a mí. Luego me gradué para encontrar algunos líderes clave para capacitarlos para hacer lo que estaba haciendo. Y finalmente, aprendí la fórmula que les acabo de dar y comencé a concentrarme en lograr que un grupo grande de personas hiciera constantemente algunas cosas simples y las continuara haciendo. Cuando eso sucedió, todo cambió para mejor.

Ésos son los básicos. Dediquemos un momento a hablar sobre las emociones de invitar. Hay cuatro reglas básicas.

Regla número uno

Debe separarse emocionalmente del resultado. Esto es muy importante. Recuerde, nuestro objetivo inicial es la educación y la comprensión. No buscamos conseguir un nuevo cliente o registrarnos para un nuevo distribuidor. En otras palabras, si separa sus emociones del resultado y se enfoca únicamente en la educación y la comprensión, todo se vuelve más simple.

Suena fácil, pero realmente es difícil de hacer. Todos entramos en esta industria con la esperanza de contratar muy buenas personas. Es difícil desconectarse de las expectativas. Pero debes recordar que no somos cazadores. No somos tiburones. Nuestro trabajo es educar a las personas y ayudarlas a comprender lo que tenemos para ofrecer. Actuamos como consultores ofreciendo sugerencias sobre cómo las personas pueden vivir una vida mejor.

Si se concentra en conseguir un nuevo cliente o distribuidor, se sentirá constantemente decepcionado y verá que sus prospectos se alejan de usted.

Si se enfoca en la educación y la comprensión, se divertirá y sus prospectos disfrutarán de la experiencia.

Regla número dos

Ser uno mismo. Mucha gente se convierte en otra persona cuando comienza a invitar. Esto hace que todos se sientan incómodos. Ser uno mismo. Concéntrate en ser el mejor.

Regla número tres

Trae algo de pasión. El entusiasmo es contagioso. Está bien emocionarse un poco. Enfocar. Escuche algo de música que lo inspire. Sonríe cuando hables por teléfono. Te aseguro que tus emociones positivas se traducirán en mejores resultados. Regla número cuatro

Ten una postura fuerte. Esto fue algo difícil para mí. Al principio, estaba inseguro. Pensé que nadie me tomaría en serio. Pero al ver a los profesionales, me di cuenta de su postura. Fueron valientes. Tenían confianza en sí mismos. Eran fuertes.

Entonces, decidí que sería audaz. Dejé de disculparme todo el tiempo. En lugar de decir: "Sí, sé que he tenido muchos trabajos en mi vida, pero espero que este sea el cambio que estaba buscando", comencé a decir: "¿Adivina qué? Estoy cansado de la vida que He liderado hasta ahora y he decidido tomar cartas en el asunto. No apostaría en mi contra porque hablo en serio ". ¿Sientes la diferencia?

Sea usted mismo, pero más audaz. Sea usted mismo, pero más fuerte. Sea usted mismo, pero tenga más confianza en sí mismo, al menos está invitando a otros. Me di cuenta de que al principio podía hacerlo por períodos cortos de tiempo y, al igual que cuando comienzas a ejercitar un músculo, eventualmente podría hacerlo por más y más tiempo, hasta que se convirtiera en parte de mí.

Entonces, ahora que tenemos todo preparado, revisemos la fórmula para una invitación. Esta fórmula ha sido diseñada para ser utilizada por teléfono o cara a cara. NO debe usarse por mensaje de texto, correo electrónico o cualquier otra herramienta de comunicación, solo por teléfono o cara a cara. Esto puede funcionar con prospectos de su mercado conocido (alguien que conoce) o prospectos de su mercado desconocido (alguien que conoce mientras vive su vida). Daré ejemplos de ambos.

Hay ocho pasos para una invitación profesional. Eso puede parecer complicado, pero con un poco de práctica, descubrirá que es una habilidad fácil de dominar. Paso uno: tienes prisa

Segundo paso: Elogie al prospecto Paso tres: haga la invitación Paso cuatro: Si lo hago, ¿lo hará usted?

Paso cinco: Confirmación n. ° 1 compromiso

Paso seis: Confirmación # 2-Confirmar compromiso de tiempo.

Paso siete: Confirmación # 3-Programe la próxima llamada

Paso ocho: Colgante

Paso uno: tienes prisa

Ésta es una cuestión psicológica. La gente siempre se siente atraída por alguien más que tiene cosas que hacer. Si inicias cada llamada o conversación cara a cara dando la impresión de que tienes prisa, verás que tus invitaciones son cortas, con menos preguntas, menos resistencias y la gente te respetará más a ti y a tu tiempo.

Ejemplos de perspectivas de mercado conocidas:

"No tengo mucho tiempo para hablar, pero siempre es importante contactarlo".

"Tengo un millón de cosas que hacer, pero me alegro de haberte encontrado".

"Estoy saliendo, pero necesito hablar contigo rápidamente."

Ejemplos de perspectivas de mercado desconocidas:

"Ahora no es el momento de hablar de esto y tengo que irme, pero ..."

"Tengo que irme, pero ..." "

¿Tú entiendes? Establece cierta urgencia en tu tono.

En cuanto a los ejemplos que comparto con ustedes, no se preocupen demasiado por las palabras exactas. Concéntrese en el concepto y use sus propias palabras. Hágale saber a la gente que está ocupado y que tiene cosas que hacer y que no tiene mucho tiempo, pero que es importante que pueda hablar con ellos rápidamente.

Y hazlo con algo de pasión en tu voz. Paso dos: alabe al cliente potencial

Esto es fundamental. Un cumplido sincero (y debe ser sincero) abre la puerta a una comunicación real y hará que el prospecto acepte más escuchar lo que tienes que decir.

Ejemplos de perspectivas de mercado conocidas:

"Ha tenido mucho éxito y siempre he respetado su forma de hacer negocios".

"Siempre me has apoyado, y realmente te lo agradezco mucho" (Muy bien con familiares y amigos cercanos).

"Tienes una mente increíble para los negocios y puedes ver cosas que otras personas no ven".

"Durante todo el tiempo que te conozco, he pensado que eres el mejor en hacer lo que haces".

Ejemplos de perspectivas de mercado desconocidas:

"Me ha brindado el mejor servicio que jamás he recibido".

"Eres muy perspicaz. ¿Puedo pedirte que decidas?

"Habéis hecho de esta una experiencia fantástica".

La clave para elogiar es que debe ser sincero. Encuentre algo que pueda usar honestamente para elogiar a su cliente potencial y úselo. Este simple paso literalmente duplicará los resultados de sus invitaciones. Cuando comienzas con urgencia y con un cumplido, será muy difícil que la persona reaccione negativamente a tu invitación. La gente no escucha un cumplido muy a menudo. Se siente bien. Verás que los prospectos serán más receptivos.

Si estudia a los expertos, verá que constantemente ponen de buen humor a las personas a través de sus elogios honestos y sinceros. Ayudan a generar una buena relación, ayudan a abrir la mente de las personas y, sobre todo, nos ayudan a lograr nuestro objetivo de educación y comprensión. Paso tres: haz la invitación

Esto es algo en lo que cada situación es definitivamente diferente. Hay tres tipos de estrategias cuando se trata de invitaciones del profesional de mercadeo en red. La estrategia directa

Esto se usa cuando invita a las personas a aprender más sobre una oportunidad para ELLOS. La mayoría de la gente usa una estrategia directa para todos sus prospectos.

Por lo general, dice así: "¡Encontré una manera de hacerte rico! Déjame decirte cómo. Bla bla bla".

Entiendo la pasión, pero en realidad, ¿quién se emocionará con ella a menos que los llame millonario?

Eso no quiere decir que el enfoque directo no funcione. Obras. Tiene un lugar importante en el proceso de invitación. Pero debe reservarse para las personas que te conocen y respetan, o para las personas que sabes que buscan algo mejor.

Ejemplos de perspectivas de mercado conocidas:

"Cuando me dijiste eso (odias tu trabajo, necesitas más dinero, quieres encontrar una nueva casa, etc.), ¿hablabas en serio o solo estabas bromeando? (Casi siempre dicen que son serios). ¡Bien! Creo que encontré una manera de que (resuelvas tu problema / lo hagas realidad) ". Esto es para situaciones en las que sabe que no están satisfechos con algo o que necesitan o quieren algo.

"Creo que he encontrado una manera de mejorar su flujo de caja".

"Cuando pensé en personas que podrían hacer una fortuna en un negocio que encontré, pensé en ti".

¿Sigues buscando trabajo (o un trabajo diferente)? Encontré una manera para que ambos iniciemos un gran negocio sin todos los riesgos. "

"Déjame hacerte una pregunta. Si hubiera un negocio en el que pudieras trabajar a tiempo parcial desde casa y eso pudiera reemplazar tus ingresos con tu trabajo a tiempo completo, ¿estarías interesado?

Ejemplos de perspectivas de mercado desconocidas:

"¿Alguna vez ha pensado en diversificar sus ingresos?"

"¿Mantienes abiertas tus opciones profesionales?"

"¿Planeas hacer lo que haces ahora por el resto de tu carrera?"

Puede seguir estos folletos para el mercado desconocido, o cualquier variación con lo siguiente: "Tengo algo que puede interesarle. Ahora no es el momento de hablar de ello, pero ... ".

La estrategia indirecta

Esta es otra herramienta poderosa para ayudar a las personas a superar su resistencia inicial y así educarlas sobre lo que tienes para ofrecer. La estrategia indirecta consiste en pedir ayuda, consejo u opinión a un cliente potencial. Usé mucho esta estrategia y fue muy útil para mí cuando comencé. Debido a mi falta de credibilidad a los 23 años, no pude tener éxito con la Estrategia Directa, así que aprendí a buscar estar más tranquilo mientras desarrollaba el ego del prospecto. Me funcionó muy bien y todavía funciona hoy.

Ejemplos de perspectivas de mercado conocidas:

"Acabo de comenzar un nuevo negocio y estoy muy nervioso. Antes de comenzar, necesito practicar con alguien amigable. ¿Te importaría si practico contigo? (Este es EXCELENTE para familiares cercanos o amigos).

"Encontré un negocio que realmente me emociona, pero ¿qué sé yo? Tienes mucha experiencia. ¿Podrías verlo por mí y decirme si estoy tomando la decisión correcta?

"Un amigo me dijo que lo mejor que podía hacer al iniciar un negocio era que las personas a las que respeto lo vieran y ofrecieran sus consejos. Podrías hacer eso por mi?

Ejemplos de perspectivas de mercado desconocidas:

Cuando conozca a alguien de otra ciudad, estado o país, y si la empresa hace negocios con esa región, puede decir:

"Mi empresa se está expandiendo. ¿Me haría un favor y verifique algo y me diga si cree que podría funcionar para la región en la que vive? "

Cuando conoces a alguien que pueda darte una excelente opinión sobre tu producto, puedes decir:

"Empecé un negocio con un producto que creo que tiene mucho sentido, pero me gustaría conocer tu opinión. ¿Podrías echar un vistazo y darme tu opinión? "

La estrategia súper indirecta

La tercera estrategia es la estrategia súper indirecta. Esta estrategia es increíblemente poderosa ya que funciona a nivel psicológico. En esta estrategia, le dices al prospecto que no es un prospecto y que solo quieres saber si conocen a alguien que pueda beneficiarse de tu negocio. Es muy eficaz.

Ejemplos de perspectivas de mercado conocidas:

"Claramente, el negocio en el que estoy no es para ti, pero quería preguntarte si conoces a alguien que tenga ambición, quiera dinero y esté entusiasmado con la idea de tener más flujo de efectivo en sus vidas".

"¿A quién conoces que pueda estar buscando un negocio sólido en el que puedan participar desde casa?"

"¿A quién conoces que tenga problemas con su negocio y que esté buscando una forma de diversificar sus ingresos?"

"Trabajo con una empresa que se está expandiendo en su área y estoy buscando personas perspicaces que quieran un dinero extra. ¿Conoce a alguien que pueda encajar en esa descripción?

En la mayoría de los casos, te pedirán más información antes de darte un nombre (detrás de cada solicitud habrá curiosidad e intriga, pensando que esto podría ser para ellos, pero aún no lo admitirán).

Cuando se le solicite más información, puede responder con esto:
"Eso tiene sentido. Quieres saber más antes de recomendar a cualquiera de tus contactos". Entonces, puedes ir al paso cuatro.

Ejemplos de perspectivas de mercado desconocidas:

El mercado desconocido es exactamente el mismo que el mercado conocido en lo que respecta a la estrategia súper indirecta. Simplemente use el script para el mercado conocido o cualquier variación con la que se sienta cómodo. Paso cuatro: Sí, ¿verdad?

Esta pregunta ha sido mi arma secreta durante mucho tiempo. Es la frase más poderosa que he encontrado y ayuda a construir un gran y exitoso negocio de mercadeo en red.

"Si te di un DVD, ¿lo verías?"

"Si te di un CD, ¿lo escucharías?"

"Si le di un folleto (revista o algún otro material impreso), ¿lo leería?"

"Si te di un enlace a un sitio web con una presentación completa, ¿lo verías?"

"Si lo invito a un seminario web que es solo por invitación especial, ¿lo vería?"

"Si lo invito a una conferencia telefónica que es solo por invitación especial, ¿lo haría?"

Esta pregunta es TAN PODEROSA y por muchas razones.

<u>Primero</u>, es recíproco. Estás diciendo que harás algo si ellos hacen algo. Como seres humanos, estamos programados para responder positivamente a este tipo de situaciones.

<u>Segundo</u>, te coloca en una posición de poder. Tú tienes el control. No estás mendigando. No estás pidiendo favores. Solo está ofreciendo un intercambio de valores.

Y tercero, implica que USTED tiene algo de valor que ofrecer. Estás diciendo que harás algo, pero solo si la otra persona hace algo a cambio. Cuando valoras lo que tienes, la gente te respetará.

Cuando comencé, no sabía acerca de esta pregunta mágica. Simplemente dijo cosas como: "Realmente, realmente, realmente quiero que veas mi video, pruebes mi producto, escuches este CD, etc." Puedes imaginar los resultados. La psicología de esto es muy débil. Si usa "Si yo, ¿lo hará?",

Está teniendo una conversación de negocios. Si usa: "De verdad, de verdad, realmente quiero que lo haga", ahora suena muy desesperado, y un crupier desesperado NO es atractivo. Si ha utilizado esta estrategia, ya sabe de lo que estoy hablando.

"Sí, ¿verdad?" te da resultados. Hace que la gente diga "sí". Ayuda a los prospectos a ver lo que tenemos de una manera diferente. Recuerde, nuestro objetivo es la educación y la comprensión. "Sí, ¿verdad?" te ayuda a lograr ese objetivo.

Si inició la llamada con urgencia, elogió al prospecto, hizo la invitación y preguntó: "Sí, ¿lo haría?", Su respuesta será "sí" casi el 100% del tiempo, y puede ir al paso cinco.

Si primero te piden más información, simplemente responde con: "Entiendo que quieres más información, pero todo lo que estás buscando está en el (DVD, CD, material impreso, sitio web, etc.). La forma más rápida para que usted comprenda realmente lo que estoy diciendo será que revise ese material. Entonces, si te lo doy, ¿lo comprobarías? "

Si dicen que no, agradézcales por su tiempo y continúe. Además, revise los pasos uno al tres para ver si podría haberlo hecho mejor. NO les dé su material.

¡Ahora terminó los primeros cuatro pasos y la persona dijo que sí! ¡Han aceptado revisar su herramienta! ¿Eso significa que lo harán? No. De hecho, solo el 5% de sus prospectos harán lo que dijeron que harían si solo usara los primeros cuatro pasos, y el 5% no es un buen número. Para acercarse al 80%, debe completar el proceso de invitación de manera profesional.

Paso cinco: Confirmación n. ° 1 - Compromiso de tiempo

Ya preguntaste, "Si yo, ¿lo harás?", Y ellos han dicho que sí. El siguiente paso es hacer un compromiso de tiempo.

"¿Cuándo crees que definitivamente podrás ver el DVD?"

"¿Cuándo crees que definitivamente podrás escuchar el CD?"

"¿Cuándo crees que definitivamente podrás leer la revista?" "¿Cuándo cree que definitivamente podrá comprobar el enlace del sitio web?"

No les sugiera cuando puedan hacerlo (ese es otro error que cometí cuando comencé en esta profesión). Simplemente haga la pregunta y espere a que respondan. La pregunta les hace pensar en su agenda y compromisos, encontrar un momento para revisar su herramienta y compartirla con usted. En otras palabras, lo hace real.

Cuando preguntaste "Si yo, ¿lo harás?" Y dijeron que sí, eso significa que tal vez algún día lo hagan. Cuando obtienes un compromiso de tiempo, comienza a ser real. Lo único que importa es que te digan cuándo. No importa qué hora o fecha te den. Permítales pensar en su horario y decirle cuándo definitivamente han revisado el material.

Aproximadamente el 90% de las veces, te darán una respuesta. El otro 10% de las veces, darán una respuesta vaga como, "Intentaré hacerlo alguna vez". Si te dicen eso, responde: "No quiero perder tu tiempo y no quiero desperdiciar el mío. ¿Por qué no establecemos cuándo definitivamente puedes revisarlo? "Recuerde, ya dijeron durante el paso cuatro que lo revisarían. Solo está confirmando cuando lo hagan.

La clave de todo esto es que ya han dicho que sí dos veces: la primera vez cuando respondieron "Sí, ¿quieres?", Y la segunda vez cuando recibiste un compromiso de tiempo de ellos.

Entonces ahora puedes darles la herramienta, ¿verdad? No. Aún no has terminado. Los profesionales tardan unos segundos más en completar otros pasos antes de terminar.

Paso seis: Confirmación n. ° 2 - Confirme el compromiso de tiempo

Si te dicen que verán el DVD el martes por la noche, tu respuesta debería ser algo así como: "Entonces, si te llamo el miércoles por la mañana, ya lo habrás visto, ¿verdad?". Si dicen que escucharán el CD el jueves por la mañana, su respuesta debería ser: "Entonces, si llamo el jueves, ya lo escuchó, ¿verdad?". Si te dicen que revisarán la liga antes del 1 de julio, tu respuesta debería ser: "Entonces, si llamo el 2 de julio, ya la habrás revisado, ¿verdad?"

Dirán que sí o ajustarán un poco el tiempo. En cualquier caso, la importancia del paso seis es que ya lo han confirmado tres veces y es más probable que lo hagan, más:

La clave es que esta no es una fecha que establezcas. Es una cita que establecieron. Dijeron que revisarían el material, que lo harían en un momento específico y que si los llamabas más tarde, ya habrían revisado el material. Hiciste todas las preguntas. Sus respuestas fijaron la fecha.

Paso siete: Confirmación n. ° 3: programe la próxima llamada

Este paso es sencillo. Simplemente pregunte: "¿Qué número y a qué hora sería mejor para llamarlo?" Te dirán qué funciona mejor para ellos y ahora si tienes una cita real. Todo lo que tiene que hacer es asegurarse de recordar llamarlos a la hora en que dijo que lo haría.

Han dicho que sí cuatro veces. Toda la invitación tomó unos minutos y su probabilidad de lograr su objetivo de educación y comprensión ha aumentado de alrededor del 5% a alrededor del 80%.

Paso ocho: cuelgue

Recuerda, tienes prisa, ¿verdad? Una vez que haya confirmado la cita, lo mejor que puede decirle a alguien es algo como esto:

"Genial, hablaremos más tarde. ¡Tengo que ir!".

Muchas personas logran concertar una cita y luego se las arreglan para estropearla al seguir hablando cada vez más. Recuerde, nuestro objetivo es la educación y la comprensión y dejaremos que la herramienta haga gran parte del trabajo. A continuación, se muestran algunos ejemplos de los ocho pasos:

Una persona que odia su trabajo: estrategia directa.

"Hola, no tengo mucho tiempo para hablar, pero era muy importante poder llamarte. Escucha, eres una de las personas más inteligentes en cuanto a finanzas que conozco, y siempre te he respetado por eso. Cuando me dijiste que no te gustaba tu trabajo, ¿era serio o solo estabas bromeando? "(Dicen que fue grave).

"Bueno, creo que he encontrado una forma de crear una opción de salida. Tengo un CD que describe mejor lo que les menciono. Si te lo diera, ¿lo escucharías? (Dicen que sí.)

"¿Cuándo crees que definitivamente puedes escucharlo? (Dicen martes).

"Entonces, si llamo el miércoles, ya se ha enterado, ¿verdad?" (Dicen que sí).

"Bueno, entonces te llamo. ¿A qué número y a qué hora sería mejor llamarte?" (Te dan la información).

"Perfecto. Hablamos entonces. Tengo que irme. ¡Gracias!"

Una buena estrategia indirecta de amigos
"Hola, estoy saliendo, pero necesitaba hablar contigo rápidamente. ¿Tienes un segundo? Fresco. Siempre me has apoyado y te lo agradezco mucho. "

"Acabo de comenzar un nuevo negocio y estoy muy nervioso. Pero antes de continuar necesito practicar con alguien amigable. ¿Te importaría practicar conmigo? (Dicen que lo harán).

"¡Excelente! Si te di un DVD que presenta toda la información de manera profesional, ¿lo verías?" (Dicen que sí).

"Dura unos 15 minutos. ¿Cuándo crees que definitivamente podrías verlo? "(Dicen jueves).

"Entonces, si llamo el viernes por la mañana, ya lo verificó, ¿verdad? Excelente. ¿A qué número y a qué hora sería mejor llamarlo? (Te dan la información).

"Perfecto. Hablamos entonces. Me tengo que ir. ¡Gracias!".

Una estrategia súper indirecta de persona muy exitosa

"Sé que estás muy ocupado y también tengo un millón de cosas que hacer, pero me alegro de haberte encontrado. Tiene mucho éxito y siempre le he respetado por la forma en que hace sus negocios. "

"Recientemente comencé algo nuevo y estoy buscando personas perspicaces. Claramente, esto no es para ti, pero quería preguntarte si conoces a alguien que sea ambicioso, a quien le guste el dinero y que esté entusiasmado con la idea de agregar un flujo adicional significativo de dinero a sus vidas "(Dicen que conozco a algunas personas).

"Entiendo que desea saber más sobre esto antes de recomendar a algunas personas. Tengo un CD que explica exactamente lo que estoy haciendo y qué tipo de personas estoy buscando. Es corto ".

"Si te lo envío, ¿lo revisarías? (Dice que lo harían). "Gracias. ¿Cuándo crees que definitivamente podrías verlo?" (Dice el próximo lunes).

"Bueno, si llamo el martes ya lo habrás comprobado, ¿verdad?"

"Bueno. Te llamo entonces. ¿A qué número y a qué hora sería mejor llamarte?" (Te dan la información). "Genial. Gracias de nuevo, realmente agradezco tu ayuda. Hablaremos el martes".

Un prospecto de mercado desconocido que ha hecho un buen trabajo vendiéndole algo: estrategia directa.

"Ahora no es el momento de hablar de esto y tengo que irme, pero eres muy perspicaz y estoy buscando gente así. ¿Planeas seguir haciendo lo que haces por el resto de tu carrera? " (Ellos dicen que no).

"Bueno. Tengo algo que te puede interesar. Ahora no es cuando deberíamos estar hablando de esto, pero tengo un DVD que explica todo con gran detalle. Si te lo diera, ¿lo verías? (Dicen que sí). ¿Cuándo crees que definitivamente podrías verlo? "(Dicen el domingo).

"Bueno, si llamo el lunes, ya lo verificaste, ¿verdad?"

(Dicen que sí). "Está bien, te llamaré entonces. ¿A qué número y a qué hora sería mejor llamarlo? (Te dan la información).

"Bueno, aquí tienes. Gracias por el excelente servicio, y hablaré contigo pronto".

¿Sientes cómo funciona esto? Obviamente, hay muchas variaciones posibles para diferentes tipos de prospectos, pero espero que estos ejemplos te ayuden a comprender cómo se combina todo.

Cuando se trata de guiones, es mejor si presenta los conceptos básicos y no se concentra demasiado en el guión exacto. La vida no funciona así. Pero si aprende a hacerle saber a su cliente potencial que tiene prisa, felicítelo, invítelo, entréguele una herramienta, pregúntele "Sí, ¿verdad?", Confirme utilizando el proceso descrito anteriormente y finalmente cuelgue o complete el invitación, te irá bien.

Recuerde que al reclutar personas no hay buenas o malas experiencias, solo hay experiencias de aprendizaje. En tu camino para convertirte en un profesional del Network Marketing, lo mejor que te puede pasar es que desarrolles las habilidades para poder reclutar cuando sea necesario, en cualquier situación. Entonces nunca tendrás que preocuparte por tener suerte. Así que practica, practica, practica.

CAPÍTULO 6
Habilidad n. ° 3: presente su producto u oportunidad a sus prospectos

Hemos hablado de las dos primeras habilidades para identificar prospectos e invitarlos a conocer su producto u oportunidad. Como ya aprendió, los invitará a revisar una herramienta o asistir a algún tipo de evento.

Si van a revisar una herramienta por sí mismos y usted no estará allí, no hay nada que pueda hacer. Solo haz un seguimiento cuando dijiste que lo harías. Si está personalmente allí, hay algunas cosas que debe comprender, y una de las más importantes es que ... ¡USTED no es el problema!

Esto me resultó difícil de aceptar. Cuando comencé, leí todo lo que pude, escuché todo lo que pude y asistí a todas las sesiones de capacitación que pude. Pensé que lo más importante que podía hacer era convertirme en un experto en todos los datos asociados a mi empresa porque si alguien me hacía una pregunta, tendría todas las respuestas. Suena lógico, ¿verdad?

Me sentaba con alguien y le decía: "Déjame contarte todo sobre nuestros productos. Déjame contarte todo sobre nuestra empresa. Déjame contarte todo sobre nuestro plan de compensación. Déjame contarte todo sobre nuestro increíble sistema de apoyo. "Hay grandes problemas con esa estrategia si buscas construir una organización grande y exitosa. Para mí, el primer problema fue que no importaba cuánto aprendiera, siempre había preguntas que me dejaban perplejo. Y como me presenté como un experto, si no tenía la respuesta, hice que el cliente potencial cuestionara toda la oportunidad.

El segundo problema fue que la mayoría de mis prospectos sabían que yo no era un experto. Entonces, cuando fui a ellos y me presenté como una autoridad en el tema, sabían que no era cierto. Los hizo escépticos.

El tercer problema era que, incluso si realmente pudiera convertirme en un experto, los otros distribuidores de mi organización no tenían el mismo deseo o voluntad de aprender. Como resultado, yo era la persona que daba cada presentación. No es posible crear una organización que pueda duplicar si usa esta estrategia y sin duplicación, el Network Marketing es solo un trabajo.

Al principio, eso era lo que representaba el Network Marketing para mí: era un trabajo. Mi organización no estaba creciendo porque me había convertido en un problema. Pero estaba decidido a cambiar y comencé a observar y tomar nota de cómo los distribuidores más exitosos llevaban a cabo sus presentaciones.

Los profesionales nunca los convirtieron en el problema. Más que eso, nunca se presentaron como expertos.

Actuaron como consultores que conectaban al cliente potencial con herramientas, eventos u otros distribuidores para ayudar a educarlos. Si el cliente potencial hacía una pregunta, lo guiaban hacia la respuesta, pero no le daban la respuesta directamente. Esto me desconcertó hasta que comencé a comprender la duplicación. Los profesionales sabían que podían fichar a la persona si los sorprendían con sus conocimientos y experiencia, pero también sabían que su nuevo distribuidor tardaría mucho en hacer lo mismo, por lo que encontraron una estrategia más sencilla.

Fue por esta época que escuché un concepto que se me ha quedado grabado desde entonces:

En el mercadeo en red, no importa lo que funcione. Solo importa lo duplicado.

Este debería ser un principio rector para todos los profesionales del mercadeo en red.

Los profesionales utilizan herramientas en lugar de su propia sabiduría. Los profesionales utilizan eventos en vivo en lugar de sus propias presentaciones. Los profesionales utilizan otros distribuidores para proporcionar los datos en lugar de proporcionarlos ellos mismos. Los profesionales no se presentan como profesionales, solo invitan a las personas a conocer el producto u oportunidad y permiten que los recursos de terceros terminen brindando la información. Los profesionales traen consigo pasión, entusiasmo, ilusión y convicción. Si alguna vez observa a un profesional en el trabajo, apreciará un fuego en ellos que es contagioso. Asegúrese de que la pasión, el entusiasmo, la emoción y la convicción sean su prioridad, luego invite profesionalmente y deje que los recursos de terceros hagan el resto.

Además de aprender cómo presentar su producto u oportunidad de manera efectiva durante sus esfuerzos de reclutamiento personal, también es importante aprender cómo presentar su oportunidad a grupos de personas.

Le he oído decir (y creo que es verdad): "El que tiene el marcador gana dinero". En otras palabras, la persona que está frente a la sala que realiza la presentación suele tener unos ingresos superiores a la media. Cuando comencé, estaba aterrorizado de hablar frente a otras personas, pero tenía ambición y, como todos decían que esta era una habilidad importante, estaba decidido a dominarla.

Empecé aprendiendo a dar una declaración breve y eficaz. Aprender a contar historias fue invaluable para hacer crecer mi negocio y lo ha sido hasta la fecha. A la gente no le importa cuánto sabes, pero SI quieren saber tu historia, siempre y cuando no los aburras hasta la muerte.

Trabajé en mi historia por un tiempo y después de cambiarla una o dos veces, esto es lo que obtuve: "¡Hola! Mi nombre es Jack Connor y soy un fracasado retirado. Para cuando cumplí los 23 años, ya tenía 18 trabajos y comenzaba a pensar que mi futuro no sería bueno. Estaba avergonzado por mi falta de resultados y estaba buscando desesperadamente una manera de hacer algo con mi vida. En enero de 1988, conocí el Network Marketing y fue algo que cambió mi vida. En lugar de tener miedo del futuro, ahora estoy emocionado. "(Y luego agregaría lo que fuera apropiado según mi nivel de éxito en ese momento).

El tema de mi historia era "si yo pudiera hacerlo, cualquiera puede hacerlo". Y funcionó. Lo uso todo el tiempo. En reuniones de hotel, reuniones en casa, conferencias telefónicas, todo.

Independientemente de su experiencia, puede crear una historia convincente. He descubierto que toda buena historia tiene cuatro elementos:

1. Tu fondo.
2. Las cosas que no te gustan de tu pasado.
3. Cómo te rescató el Network Marketing o tu empresa.
4. Tus resultados o cómo te sientes con respecto al futuro.

Tómese su tiempo para crear su historia y comience a contarla en cada oportunidad que tenga.

Entonces decidí dominar la presentación de la oportunidad de mi empresa. Una vez más, entró en juego el concepto de modelar a personas exitosas. La persona con mayores ingresos de mi empresa era extremadamente poderosa y eficaz.

Además, dio exactamente la misma presentación cada vez, palabra por palabra. Entonces, grabé su presentación y la escribí a mano en un cuaderno. Cuando completé ese paso, grabé mi propia voz dando la presentación. Lo hice palabra por palabra. La misma historia, los mismos chistes: todo fue exactamente su presentación.

Cuando terminé, lo jugué ... ¡y fue terrible! Mi voz no tenía energía. Fue aburrido. Lo odié. Entonces, grabé una y otra y otra vez hasta que fue aceptable. Al final, tuve mi presentación en cinta de audio y la escuché una y otra vez en mi auto. Apuesto a que debí haber escuchado esa presentación unas 500 veces, y para entonces, ya la había memorizado. La conocía por dentro y por fuera. Podría comenzar desde cualquier lugar de la presentación y continuar desde allí.

No creerás la confianza que esto me dio. Pasé de tener miedo de dar una presentación, ¡a buscar constantemente la oportunidad de hacerlo! Hice la presentación en conferencias telefónicas, en reuniones en casa, en llamadas conjuntas, en cualquier lugar que pude. Me convertí en un presentador constante en nuestras reuniones locales y continué mudándome a lugares más grandes y mejores, incluso me pidieron que hablara en las convenciones de la empresa.

Para mí, la evolución para convertirme en presentadora pasó por varias etapas:

1. Conozca mi historia.
2. Conozca la presentación estándar sobre la oportunidad.
3. Conozca diferentes presentaciones sobre formación.

Un gran punto de inflexión como presentador llegó en 1993. Tenía 29 años y comenzaba a ser alguien en el mercadeo en red. Estaba teniendo una conversación con el CEO de la empresa y quien en ese momento era el distribuidor número uno de la empresa. empresa. No recuerdo exactamente cómo tomamos ese tema, pero sí recuerdo haberle dicho algo como esto al CEO: "Bueno, él (el distribuidor número uno) puede ser mejor que yo en mercadeo en red, pero yo soy mejor que él en discurso."

Lo había dicho como una broma, pero el CEO enarcó las cejas y dijo: "Está bien, te diré lo que haremos. Pronto tendremos nuestra gran convención. Asistirán más de 14.000 personas. Les daré a ambos la misma cantidad de tiempo y tendremos un concurso privado. Elegiré algunos jueces y luego votaremos para ver quién lo hizo mejor. "

¡Guau! ¡Ahora estaba en un aprieto! No fui un gran líder. En ese entonces, no tenía una organización o reputación tan buena como ese distribuidor. Entonces, hice lo único que tenía bajo control. Empecé a prepararme como si mi vida dependiera de mi presentación. Elegí un tema. Escribí mi charla y la reescribí una y otra vez. Yo investigue. Yo practiqué. Me grabé dando el discurso. Hice todo lo que pude.

Cuando llegó el día, nunca me había sentido tan nervioso en mi vida. Hablar frente a 14.000 personas fue como hablarle a un océano. Pero mi preparación me sirvió bien. Me calmé, acabé con mi inseguridad y di mi charla.

¡La respuesta fue abrumadora! La audiencia literalmente se volvió loca. Me sentí un poco abrumado cuando salí del escenario mientras ellos seguían aplaudiendo y se sentaban a escuchar el discurso número uno del distribuidor. Hizo un buen trabajo, pero debo admitir que me sentí muy bien cuando el CEO vino a felicitarme por ganar nuestro concurso privado. Definitivamente fue un momento decisivo.

Ese discurso se perdió hace mucho tiempo, pero recientemente se ha encontrado una copia.

Para resumir este conjunto de habilidades, recuerde algunas cosas importantes:

1) Cuando busca prospectos, usted es el mensajero, no el mensaje. Salga del camino y use una herramienta de terceros.

2) Aprenda a contar su historia de una manera que despierte la curiosidad de sus prospectos por escuchar más.

3) Cuando se trata de hablar frente a un grupo de personas, la preparación es clave. Cuando esté listo, es divertido.

CAPÍTULO 7
Habilidad n. ° 4: haga un seguimiento de sus prospectos

En MLM, dicen que la fortuna está en el seguimiento. Creo que es cierto, ya que la mayoría de la gente de MLM no sigue adelante, al menos no como profesionales. Necesita comprender algunos conceptos importantes si va a dominar esta habilidad.

Concepto # 1 - Hacer seguimiento es hacer lo que dijiste que harías.

Si dice que va a llamar a una hora específica, hágalo. La profesión de mercadeo en red está llena de personas que se emocionan un minuto y luego desaparecen por completo al siguiente. Administre su negocio con la ayuda de un calendario físico o electrónico. Sea la persona que hace lo que dice que va a hacer. La gente te respetará por ello.

Estaba vendiendo bienes raíces el año anterior a comenzar el mercadeo en red. Mi padre y su socio eran dueños de la empresa. Un día estaba en la oficina y un señor llamado Chuck Aycock llegó para una reunión con mi padre a las 10 am. Eran las 9:55 am y mi padre no había llegado a la oficina. Le di la bienvenida a Chuck y le dije que mi padre estaría aquí pronto. Tan pronto como las 10 am, Chuck se levantó y dijo: "Son las 10 en punto. Tu padre no está aquí. Dígale que me llame si quiere reprogramar nuestra reunión. "

Yo no lo podía creer. ¿Había venido a la oficina solo para irse 30 segundos después de la hora de la reunión? Dije: "Sr. Aycock, estoy seguro de que estará aquí en cualquier momento. No es necesario que se vaya ".

Y luego me dijo algo que nunca olvidé. Dijo: "Hijo, una persona llega temprano o tarde. Ya llega tarde y mi tiempo es valioso. Dígale que me llame si quiere reprogramar nuestra reunión. "¡Y se fue!

Mi padre llegó a las 10:10 am esperando ver a Chuck. Le conté lo que había sucedido y él estaba tan asombrado como yo. Mi padre no era alguien que llegara tarde. Esta mañana en particular, solo había llegado un poco tarde. Reprogramó la reunión y descubrí a lo largo de los años que mi padre SIEMPRE se presentaba temprano a sus reuniones con el Sr. Aycock.

¿Cuál es la lección de esta historia? La lección para mí fue que la gente respeta a alguien que hace lo que dice que va a hacer. La gente también respeta a quienes valoran su propio tiempo. Si dice que hará un seguimiento en un momento específico o de una manera específica, hágalo o reprograme la cita con anticipación.

Concepto n.° 2: la única razón para tener una presentación es configurar la siguiente presentación

Cuando comencé, terminé cada presentación diciendo: "¿Qué piensas?" Nadie me dijo que esto era lo peor que podía hacer. Me pareció lo más natural que podía decirme, pero mis resultados fueron terribles.

Le pedí ayuda a uno de mis primeros mentores y me dijo:

"Eric, la única razón para tener una presentación es preparar la próxima presentación".

Eso cambió mi forma de pensar. ¡Pensé que la razón para hacer una presentación era que la persona firmara! Me explicó que si terminaba cada presentación estableciendo la siguiente, el prospecto eventualmente será informado sobre la oportunidad y podrá tomar una decisión informada.

En mi mente, el objetivo cambió de "conseguir" al cliente potencial en la primera presentación a simplemente mantener vivo el proceso configurando la siguiente presentación, y luego la siguiente y la siguiente, hasta que tomaran una decisión. Cuando hice esta pequeña mejora, mis resultados mejoraron dramáticamente.

Anteriormente hablamos sobre cómo invitar profesionalmente a su cliente potencial a revisar lo que tiene para ofrecer. Al final de ese proceso, pasamos por varios pasos para configurar la presentación SIGUIENTE, que es equivalente a su llamada de seguimiento. Esa fue tu próxima cita.

Cuando hagas esa llamada, les preguntarás si revisaron el material. Dirán "No, no lo hice", o dirán "Sí, lo hice". Hablemos de cómo configurará la siguiente presentación en ambos casos.

Si dice que no, que no tuvo tiempo de revisar el material, es importante que no demuestre que está molesto por no haber cumplido su palabra. Es curioso cuántas personas regañan inmediatamente a sus prospectos diciendo: "¡Pensé que habías dicho que probablemente ya lo habrías comprobado!". Obviamente, esto no le ayudará a construir la buena relación en la que está trabajando.

La mejor forma de responder es: "Eso es bueno. Entiendo que a veces la vida nos ocupa. ¿Cuándo crees que definitivamente puedes revisarlo? "Ahora, se podría decir que" definitivamente realmente "es demasiado, pero lo he usado durante décadas en esta situación de seguimiento y lo uso bien, funcional. En cualquier caso, use el mensaje que desee configurar una nueva fecha y siga los mismos pasos para conseguir un compromiso. Una vez que lo tenga, incluya la fecha y hora de la próxima llamada (la próxima presentación), cuelgue y llámelos cuando dijo que lo haría.

Si los llamas cuando dijiste que lo harías y aún no han revisado el material, simplemente repite el proceso. Recuerde, ellos están programando la cita y usted está siendo profesional al dar seguimiento cuando dijo que lo haría.

Si llama a su cliente potencial y le dice que sí, y ha revisado el material, entonces le hará algunas preguntas inteligentes. En primer lugar, NO vas a preguntar: "¿Qué piensas?" Esto solo abre la puerta a la parte crítica de la mente del cliente potencial y puede plantear objeciones para tratar de parecer inteligente.

La mejor pregunta de seguimiento que he usado es esta: "¿Qué es lo que más te gustó?" Esta pregunta lo llevará en una dirección muy positiva y le dará pistas sobre el nivel de interés del cliente potencial. Si dicen "el producto", posiblemente su próxima presentación estará relacionada con el producto. Si dicen "libertad financiera", entonces su próxima presentación estará relacionada con la oportunidad que se les presenta.

Otra gran pregunta para hacer es esta: "En una escala del uno al 10, donde uno es cero interés y 10 está listo para comenzar de inmediato, ¿dónde estás ahora?" Con esta pregunta, cualquier número mayor que uno es BUENO.

Significa que tienen algo de interés. La mayoría de las veces, obtendrá un cinco o un seis. No importa qué número le den, todo lo que les va a preguntar es cómo puede ayudarlos a alcanzar un número más alto. Normalmente, esa respuesta dependerá de cómo respondieron a la pregunta: "¿Qué es lo que más te gustó?"

Si la respuesta es muy positiva y el número es considerablemente alto, puedes ir directamente al proceso para cerrar el trato (que veremos en el siguiente apartado). Si no es obvio que puede hacerlo, simplemente configure la siguiente presentación.

Es posible que quieran probar el producto, así que ayúdelos a hacerlo y establezca una fecha de seguimiento: un día y una hora para llamarlos y ver cómo fue su experiencia (próxima presentación). Es posible que quieran hablar con su cónyuge, así que envíelos a casa con material que puedan compartir con su cónyuge y establezca una fecha y hora para su seguimiento (la próxima presentación). Sea lo que sea, nunca termine una presentación sin configurar la siguiente. ¡Nunca! Si lo hace, se acabó.

Eso es lo que me pasó al principio. Hizo que alguien viera la oportunidad. Cuando terminaban, les decía: "¿Qué les parece?" Por lo general, murmuran algo como "Te lo contaré más tarde" o "Te lo contaré más tarde" o "Necesito pensar más en esto" o algo similar. Y puf, desaparecieron. Entonces, cuando intenté llamarlos de nuevo, los estaba molestando. Todo fue muy incómodo.

Una vez que cambié a nunca terminar una presentación sin configurar la siguiente, todo cambió para mejor. Estaba siendo profesional. Yo tenía el control. La perspectiva tenía más respeto por mí y por la oportunidad. Todo esto sucedió con este pequeño cambio de enfoque.

Concepto # 3 - Se necesita un promedio de cuatro a seis presentaciones para que una persona sea parte de este

Cuando las personas no entienden que la única razón para hacer una presentación es preparar la siguiente presentación, ejercen demasiada presión sobre los prospectos y sobre ellos mismos. En la cultura de MLM de "algunos sí, algunos no, no importa, siguiente", las personas se enfocan en una sola persona una sola vez y si no deciden inscribirse de inmediato, las dejan de lado y nunca hacen un seguimiento. En muchos casos, lo llevan más allá al dañar la relación con el prospecto gracias a su actitud.

Los profesionales entienden que se necesitan un promedio de cuatro a seis presentaciones para que un cliente potencial decida ser parte de esto. Tu objetivo es la educación y la comprensión. Es difícil educar a alguien con una sola presentación. Así que los llevan de una presentación a otra, sabiendo que eventualmente todo tendrá sentido. A través de ese proceso, también construyen una relación más sólida con el cliente potencial. Fortalecen una amistad. Eso ayuda a generar confianza y a las personas les gusta trabajar con las personas que les agradan.

De cuatro a cinco presentaciones es un promedio, lo que significa que por cada persona que se une a la primera exposición, habrá una persona que tome más de 10 presentaciones para ser parte de la misma. Nunca se puede saber. Algunas de las mejores personas en Network Marketing fueron prospectos durante años antes de finalmente tomar la decisión de ser parte de la oportunidad.

Mantenga siempre su urgencia, pero sea paciente.

Concepto # 4 - Condensar la presentación para obtener mejores resultados

Los impostores intentan convencer a alguien una vez y luego siguen adelante. Los aficionados intentan convencer a alguien con varias presentaciones a medida que pasa el tiempo. Los profesionales condensan estas presentaciones en el menor tiempo posible.

La gente está ocupada. Constantemente tienen distracciones en su vida. Cuando se acerque a ellos para revisar algo nuevo, es importante que mantenga su interés; la mejor forma de hacerlo es colocar las presentaciones lo más cerca posible.

Si va despacio, puede comenzar pidiéndoles que revisen un video. Unas semanas más tarde, logra que escuchen una conferencia telefónica. Un mes después, los invitas a asistir a un seminario web. Después de otro mes, los invita a una llamada telefónica de tres personas con usted y otro distribuidor. Este lento proceso es difícil porque entre cada presentación pueden distraerse con su vida. Puede ser casi como empezar de nuevo en casa.

Por otro lado, si puede hacer que revisen un video, sea parte de una llamada de conferencia, pruebe el producto, asista a un seminario web, participe en una llamada telefónica de tres personas y luego asista a una reunión en persona (o cualquier combinación de presentaciones que usa su empresa), y lo hace todo en una semana, les da la oportunidad de pensar realmente en cómo esto puede cambiar sus vidas.

Preguntas y objeciones

En cada paso del proceso de contratación, encontrará preguntas y objeciones. Esto es natural. A menudo, su prospecto les hará parecer inteligentes. No quiere que parezca fácil convencerlos, por lo que plantean objeciones para sentirse mejor. Cómo respondes es extremadamente importante. Si actúa a la defensiva, sembrará una duda en sus mentes. Si eres ofensivo, los asustarás.

Recuerde, nuestro objetivo es la educación y la comprensión. No buscas ganar una discusión. Nuestro trabajo es ayudar a los ciegos a ver. Cuando alguien plantea una pregunta negativa o si ofrece una objeción, todo lo que hace es ayudarlo a identificar uno de sus puntos ciegos. Es bueno saber cuáles son para que pueda ayudar a sus posibles clientes a eliminarlos.

Te voy a dar algunas tácticas específicas para ayudarte a superar las objeciones, pero quiero que recuerdes y te enfoques en los conceptos. Las tácticas van y vienen. Los conceptos son atemporales.

He descubierto que las objeciones se dividen en dos categorías. El primero es la creencia limitante del cliente potencial en sus propias habilidades. No están seguros de poder tener éxito. La segunda es una creencia limitante con respecto al mercadeo en red. No están seguros de que el mercadeo en red los ayude a lograr sus objetivos en la vida.

Para ambas categorías, uno de los mejores conceptos es la empatía: cómo te relacionas con las personas. Y la mejor manera de relacionarse con alguien es hacerle saber que eres como ellos. Tenías las mismas dudas, las mismas preguntas, los mismos miedos, y los superaste. Lo crea o no, pero su historia (y las historias de otros) le ayudarán más a superar las objeciones que cualquier otra cosa.

Existe una vieja táctica llamada "Sentir / Sentir / Encontrado". Funciona sobre un concepto de empatía. Cuando un cliente potencial ofrece una objeción, usted responde con esto: "Sé cómo se siente. Me sentí así. Pero esto es lo que encontré". Puede usar eso y tener mucho éxito. También puede modificarlo en función de su historia y su cliente potencial.

Cuando los prospectos tienen creencias limitantes sobre sus habilidades

Las objeciones comunes en esta categoría son:

"No tengo dinero", "No tengo tiempo", "No es para mí", "No soy un vendedor", "No conozco a nadie" o "No soy demasiado viejo / demasiado joven / no tengo experiencia ".

Algunas personas enseñan estrategias sofisticadas en las que te hacen parecer inteligente y el cliente potencial se ve estúpido.

"¿No tienes dinero? ¿Tienes factura de cable? ¿Tienes celular? ¿Alguna vez sales a cenar? Tienes mucho dinero. ¡Vamos, despierta!".

O,

"¿No tienes tiempo? ¿Cuánto tiempo quieres tener esa realidad en tu vida? ¡Tienes que cambiar si quieres que tu vida cambie!".

¿Qué sientes cuando lees eso? ¿Cómo te sentirías si alguien te dijera eso? Muy mal verdad? Una mejor estrategia para relacionarse con una persona es contarle su historia.

Cuando una persona me dice "no tengo dinero ahora mismo", le respondo: "Tuve el mismo desafío. No tenía suficiente dinero para pagar mis facturas y mucho menos para iniciar un nuevo negocio. Pero cuando lo pensé, me di cuenta de que si no tenía suficiente dinero para pagar las cuentas ahora, ¿cómo iba a cambiar eso en el futuro? Estaba cansado de deber dinero. Estaba cansado de intentar sobrevivir. Quería más de la vida.

Entonces, ¿sabes lo que hice? Encontré una manera y fue la mejor decisión que tomé. Déjame preguntarte algo ... si realmente sentiste que esta era la oportunidad que necesitas para tomar el control de tu futuro financiero, ¿crees que podrías encontrar la manera de hacerlo realidad? "

Nueve de cada diez veces te dirán que podrían encontrar la manera. Nuevamente, olvídese de las palabras exactas y concéntrese en el concepto. Les dije que yo era como ellos, con la misma objeción. Les estaba contando sobre mi dolor. Y les decía que encontré una manera de solucionarlo. Como resultado, desarrollamos un vínculo. Nos relacionamos y nos entendemos. Estábamos en la misma situación con las mismas esperanzas y sueños.

Y si no tenía una historia personal que coincidiera con la de ellos, estaba contando la historia de otra persona. Hay muchas historias dentro de nuestra empresa que pueden aplicarse a prácticamente cualquier situación. Entonces, cuando un cliente potencial le presente su objeción, puede decir esto: "Sé lo que quiere decir. Tengo un amigo que tuvo exactamente el mismo problema. Déjame contarte su historia. "

¿Puede ver cómo el enfoque podría funcionar con todas las objeciones basadas en las creencias limitantes de una persona sobre sí misma y sus vidas? El concepto es simple, ha sido probado y ofrece resultados increíbles.

Cuando los prospectos tienen creencias limitantes sobre el mercadeo en red

Esta categoría incluye:

"¿Esto es MLM?"

"¿Es esta una de esas cosas?"

"¿Es esto un esquema piramidal?"

"No estoy interesado en MLM".

"No quiero molestar a mis amigos" y

"¿Cuánto estás ganando?"

Comencemos con uno que haga que la gente tema nuestra profesión: "¿Es esto MLM?", O variaciones como "¿Es esta una de esas cosas?", "¿Es un esquema piramidal?", O "No me interesa el marketing. .

Multi nivel ".

Algunas personas se asustan cuando escuchan esta pregunta. Dicen algo como esto: "¿Esquema piramidal? ¿Como todas las corporaciones del mundo? ¿Cómo el gobierno? ¿Cómo todo ESO?".

En lugar de enloquecer al hablar con sus prospectos, es importante comprender de dónde proviene esta pregunta. Mi experiencia me dice que generalmente conocieron a alguien que se incorporó a la profesión y no tuvo éxito o lo probaron ellos mismos (generalmente compraron un boleto de lotería virtual, como describí anteriormente, y no les funcionó). Este escenario representa más del 90% de las personas que harán esta pregunta. El resto de ellos ha oído hablar de oportunidades como esta y se muestran escépticos sobre la promesa de hacerse rico rápidamente.

Si hacen este tipo de preguntas con algo de emoción, sé que han estado involucrados en algún momento, así que les digo esto: "Espera. Tienes una historia. ¿Qué sucedió? ¿Fue en algún momento parte del mercadeo en red?". Entonces tienes que dejar que cuenten su historia.

Eso los abre. Bajan sus defensas. Y eso le permite hacer algunas preguntas sobre su experiencia.

Déjame darte un ejemplo típico. Estoy pasando por el proceso de invitación cuando el cliente potencial dice: "Espera, ¿esto es MLM?" Y lo dice con emoción. Yo respondo: "Oh, tienes una historia. ¿Lo probaste en algún momento? ¿Qué pasó?". Él dice: "Sí, me uní a una empresa hace unos años, compré los productos y perdí mi dinero". Entonces respondo: "¿Cuál crees que fue la razón por la que no tuviste éxito?"

Él dice: "Bueno, mi amigo me convenció para que lo probara. No tenía mucho tiempo y pensé que más personas se unirían de inmediato, pero no fue así. Creo que perdieron el interés. "Entonces respondo:" ¿Crees que realmente lo intentaste? "

Respuesta: "No, en realidad no". Yo respondo: "" ¿Crees que el Network Marketing fue el problema? ¿O quizás no era el momento adecuado? "Él dice:" Probablemente no era el momento adecuado.

¿Ves la dinámica? He tenido miles de conversaciones como esta y todas son un poco diferentes, pero si les haces algunas preguntas y eres amigable durante el proceso, tienes muchas posibilidades de ayudarlos a deshacerse de su punto ciego y echar un vistazo. en lo que tienes que hacer. oferta.

Además, puede conectarse con ellos diciéndoles que inicialmente tenía la misma objeción y diciéndoles cómo lo superó. Si alguien usa la palabra "pirámide" conmigo, siempre digo esto: "No. Los esquemas piramidales son ilegales y yo nunca sería parte de nada ilegal. "

Para las personas que preguntan con algo de emoción, generalmente respondo con esto: "Sí, esto es Network Marketing. ¿Sabes algo sobre eso?" Una vez más, estoy haciendo preguntas y esperando respuestas. A partir de esas respuestas, hago más preguntas y, a través del proceso, puedo lograr mi objetivo de educación y comprensión.

"No quiero molestar a mis amigos" es un poco diferente. Una vez más, me conecto con ellos contándoles mi historia o la historia de otra persona. Y luego hago preguntas como estas: "¿Qué te hace pensar que vas a molestar a tus amigos?", O "Si realmente creyeras en el producto, ¿se lo dirías a tus amigos?", Y también "Si pudiera mostrarte cómo Compartir este producto con otras personas sin parecer o sonar como un argumento de venta, ¿te ayudaría? "

La última categoría es "¿Cuánto estás ganando?" Si ya está ganando dinero, esta es una excelente pregunta. En caso contrario, su respuesta dependerá de cuánto tiempo haya formado parte de esta profesión. Si es nuevo, puede decirles que recién está comenzando. Si ya tienes tiempo en esto y no has ganado mucho dinero, puedes decirles que estás trabajando a tiempo parcial y que estás muy ilusionado con tu futuro. También puedes decir que estás muy emocionado por tu futuro con esta empresa porque sabías que las cosas no cambiarían si no hacías algo para cambiar.

La otra forma de responder es contando su historia y luego contando la historia de personas que están ganando mucho dinero. Incluso puede sugerir establecer una conversación telefónica con estas personas para que se sientan más cómodos con la oportunidad.

Todo esto requiere práctica, pero si puedes aprender los conceptos, verás que es fácil. Y la otra cosa que debería animarte es que solo tendrás este tipo de objeciones durante el resto de tu carrera. No hay nada nuevo aquí. Lo que he mencionado en esta sección es lo que verá. Recuerde, nuestro objetivo es la educación y la comprensión. Esto es parte del proceso que hace realidad ese objetivo.

CAPÍTULO 8
Habilidad n. ° 5: ayudar a sus prospectos a convertirse en clientes o distribuidores

Esta habilidad es un subproducto natural del seguimiento profesional. A medida que pasamos de una presentación a otra, se cumplirá nuestro objetivo de educación y comprensión. Pero eso no significa que el cliente potencial lo buscará y le pedirá un formulario de pedido o una solicitud. Es su trabajo guiarlos hacia una decisión.

La clave para tener éxito en esta área es una combinación de tener una buena postura y hacer buenas preguntas. La buena postura se refiere a su forma de funcionar. Sus palabras y acciones ayudarán a su cliente potencial a sentirse más seguro al unirse a su oportunidad, o pueden poner en duda.

Cuando comencé, mi postura era terrible. Estaba tratando de "conseguir" gente en lugar de tener el objetivo más alto de educación y comprensión, y los prospectos podían sentir mis intenciones. Estaba muy apegado emocionalmente al resultado. Incluso se podría decir que estaba muy necesitado. Cada vez que llegaba a esta parte del proceso, realmente lo deseaba. Una vez más, el prospecto podía sentir que estaba emocionalmente atado y eso generalmente los alejaba.

Por la falta de resultados y sin siquiera darme cuenta, comencé a asumir que a la gente no le iba a interesar. Y esa suposición comenzó a infiltrarse en todo, lo que condujo a un resultado obvio: la perspectiva no se uniría.

La mayor parte del tiempo no estaba bien preparado. No tenía las aplicaciones, el material de inicio o lo que fuera necesario. Piense en el impacto que esto tuvo en mis prospectos a nivel subconsciente. Parecía que todo lo que hacía proyectaba falta de fe y profesionalismo.

En lugar de hacer preguntas y escuchar sus respuestas, hablé y hablé y hablé. Estaba más concentrado en ser interesante que en estar interesado. A los prospectos no les gusta eso. A nadie le gusta.

Así que, de nuevo, seguí mi patrón de modelar a los profesionales. Observé lo que estaban haciendo los mejores en el negocio y comencé a copiarlos. Entrevisté a los mejores para entender lo que hicieron de manera diferente. Y poco a poco comencé a ver los errores en mi estrategia.

Primero, vi que los profesionales están emocionalmente desconectados del resultado. En otras palabras, su objetivo es la educación y la comprensión mientras ayuda al cliente potencial a tomar una decisión que impactaría positivamente en sus vidas. No actúan como si lo necesitaran. No están tratando de "atrapar" a nadie. Honestamente intentan ayudar.

En segundo lugar, siempre asumen durante su estrategia. Asumen que la persona se unirá, ya que creen firmemente en la oportunidad y en cómo beneficiaría al prospecto. Son sólidos como una roca. Muchos de ellos se sorprenden cuando una persona decide no involucrarse.

En tercer lugar, fue interesante saber que se promocionan a sí mismos de la misma manera que promueven el producto o la oportunidad. Lo que esto significa es que ayudan al prospecto a tomar la decisión diciendo "¡Me tienes a MÍ!"

Cuando se promocionan a sí mismos, no es algo como "Voy a hacer todo lo que pueda por ti". Es algo más parecido a esto: "Tenemos un gran producto y una gran oportunidad, pero voy a llevar esto a la cima y podemos hacerlo juntos". Esto les da a las personas la tranquilidad de que no tienen que aprender todo por sí mismos.

Cuarto, siempre están listos. Para siempre. Tienen todo lo que necesitan para que una persona comience desde el lugar correcto.

Y quinto, preguntan una y otra y otra y otra vez y son muy buenos escuchando. Actúan como consultores al ayudar a una persona con un problema. Los mejores consultores de todo el mundo tienen muchas preguntas que hacer antes de poder ofrecer una solución. Los profesionales del mercadeo en red utilizan las preguntas como su herramienta más poderosa.

Como puedes imaginar, me tomó un tiempo darme cuenta de todo esto, y eso fue solo la mitad. La otra parte era tener la información y es otra cosa que hay que poner en marcha. No tenía tanto talento como los profesionales, pero podía modelar lo que hacían, así que comencé a actuar como ellos.

Actuó emocionalmente distante (al principio, realmente no lo era); Empecé a actuar asumiendo que la gente se uniría (al principio, realmente no era así); Empecé a decirle a la gente "... ¡y me tienes a MÍ! (aunque al principio eso no fue un gran beneficio); siempre estaba listo; Empecé a hacer muchas preguntas y me concentré más en estar interesado que en ser interesante.

Y mientras continuaba, actuó menos y creyó más y más. A ti te puede pasar lo mismo.

Hablemos de las preguntas. Si fuera consultor y su trabajo fuera determinar si una oportunidad es buena para su cliente, ¿qué haría? Harías preguntas, ¿verdad?

Mientras trabaja para ayudar a un cliente potencial a tomar una decisión positiva sobre su oportunidad, hará lo mismo. Pero en lugar de preguntar "¿Qué opinas?" - que no te lleva a ninguna parte - aprende a hacer preguntas que te lleven en una dirección positiva.

"¿Tiene sentido para usted?"

"¿Qué es lo que más te gustó de lo que acabas de ver?"

"Es muy emocionante, ¿verdad?"

"¿Puedes ver cómo esta podría ser una oportunidad para ti?"

De estos ejemplos, el que más utilizo es "¿Qué es lo que más te gustó?" La respuesta a esta pregunta es casi siempre positiva y te da pistas sobre el área en la que tienen mayor interés.

Entonces, por lo general, me gusta decir esto: "Déjame hacerte una pregunta. En una escala del uno al 10, donde uno es cero interés y 10 está listo para irse de inmediato, ¿dónde se encuentra ahora?

"Te darán un número y, por lo general, es muy obvio por su número si necesitan más información antes de tomar una decisión o si están cerca de querer comenzar ahora mismo.

Si cree que necesitan más información, guíelos a la siguiente presentación que los ayudará. Pero si siente que están listos para comenzar, haga cuatro preguntas. Este "cierre de cuatro preguntas" me ha dado resultados consistentes y sólidos a lo largo de mi carrera. Si aprende a usarlo, se sorprenderá de la cantidad de personas a las que puede ayudar.

Pregunta 1: "Según lo que acaba de ver, si solo comenzara a trabajar a tiempo parcial en esta empresa, ¿aproximadamente cuánto tendría que ganar al mes para que valga la pena?" En lugar de hacer esta pregunta, la mayoría de los distribuidores dicen algo como esto: "¿Le gustaría ganar $ 10,000 al mes?" No hagas eso. En lugar de preestablecer lo que crees que quieren, pregúntales cuánto necesitan para que valga la pena y espera su respuesta.

Pregunta 2: "¿Aproximadamente cuántas horas a la semana puede utilizar para generar ese tipo de ingresos?" Ahora tienes que pensar y revisar tu calendario mental para ver cuánto tiempo puedes dedicar a conseguir esas cantidades de dinero.

Pregunta 3: "¿Cuántos meses puedes trabajar esas horas para poder desarrollar ese tipo de ingresos?" Esta pregunta les hace pensar en su compromiso si quieren obtener los ingresos mencionados en la respuesta a la pregunta # 1.

Pregunta # 4: "Si pudiera mostrarle una manera de desarrollar un ingreso de (su respuesta a la pregunta # 1) un mes, trabajando (su respuesta a la pregunta # 2) horas a la semana durante (su respuesta a la pregunta # 3) meses, ¿lo haría? ¿Estarías listo para empezar? La mayoría de las veces, tendrá una respuesta positiva. Y cuando la gente dice "claro, enséñeme cómo", puede sacar su plan de compensación y establecer un plan razonable para que logren sus metas. En muy raras ocasiones, la gente le da números poco realistas. Pueden decir que quieren $ 10,000 al mes trabajando dos horas a la semana durante un mes. Esto no sucede a menudo, pero sucede. Si se encuentra en esta situación, puede actuar como consultor y decir esto: "Lo siento, pero sus expectativas son muy altas. Puede obtener $ 10,000 al mes, pero le tomará muchas más horas y muchos más meses de los que está dispuesto a comprometerse. Si está dispuesto a cambiar sus expectativas, podemos hablar.

Si no obtiene una respuesta positiva a las cuatro preguntas, está bien. Simplemente significa que el cliente potencial necesita tener más presentaciones antes de estar listo. Configure el siguiente y repita el proceso una vez que haya terminado. Esta habilidad requiere práctica, pero es una habilidad que te ayudará por el resto de tu carrera. Si no estás cansado de que muchas personas piensen mucho en ello y no actúen demasiado, esto te ayudará.

CAPÍTULO 9
Habilidad n.° 6: ayudar a su nuevo distribuidor a comenzar

En el mercadeo en red, la gente gasta mucho esfuerzo y una gran cantidad de tiempo y dinero para que la gente firme y se una, pero luego desperdician su inversión al permitir que su distribuidor aprenda cómo hacer todo. Los profesionales no hacen eso. Establecen expectativas adecuadas, ayudan a obtener resultados rápidos y luego continúan guiando al nuevo distribuidor a través de las fases de nuestra profesión.

Inicialmente tuve la suerte de tener un mentor, Michael Nelson, que era muy hábil para guiar a nuevos distribuidores. Michael no formaba parte de mi línea de apoyo, pero estaba claro que era el líder en mi ciudad. Además, tenía mucha experiencia en nuestra profesión. Así que escuché lo que tenía que decir, miré lo que hizo y le hice muchas preguntas.

En ese entonces, él tenía una pequeña oficina cerca de mi casa y yo siempre estaba allí tratando de aprender algo. Michael fue un reclutador muy exitoso.

Siempre traía gente nueva. Y además, a la gente de Michael le iba bien en los negocios. Eso no me estaba pasando. Las pocas personas que recluté no hicieron nada.

Mientras observaba a Michael, me di cuenta de que cada vez que contrataba a un nuevo distribuidor, configuraba lo que llamó una "entrevista del plan de acción". Decidí modelar lo que hizo. Así que la próxima vez que conoció a un nuevo comerciante, me senté detrás de ellos para tomar notas de su conversación. Lo hice varias veces y me sorprendió saber que estaba realizando exactamente la misma entrevista cada vez. Pensé que si podía aprender ese proceso de entrevistas, tendría la oportunidad de obtener sus resultados. Entrevista para el plan de acción - Primera parte

Validó su decisión de convertirse en distribuidor. Decía cosas como, "Felicitaciones por tomar la decisión. Estoy orgulloso de ti por hacerte cargo de tu vida. A partir de ahora las cosas van a ser diferentes para ti y tu familia ". Siempre les tomó menos de cinco minutos, pero al final de esto, todas las dudas que tenían sobre convertirse en distribuidores desaparecieron. Se sintieron muy bien.

Entrevista para el plan de acción - Segunda parte

Él estableció sus expectativas. Sabía que la mayoría de las personas entraban en nuestra profesión con expectativas poco realistas, por lo que siempre decía las mismas tres cosas:

"Si tiene éxito en este negocio, será porque usted crea el éxito, no yo. Y si fracasas en este negocio, será porque tú creas el fracaso, no yo. Serás la diferencia entre el éxito o el fracaso. Estoy aquí para guiarte paso a paso, pero no puedo hacerlo por ti. Estoy aquí para trabajar contigo, pero no soy tú ".

¡Vaya, este era un concepto radical y muy diferente de las conversaciones que tuve cuando comencé con una nueva persona! Yo diría cosas como esta: "Me pagan dependiendo de lo que produzcas, ¡así que esencialmente trabajo para ti!"

Bueno, ¿qué tipo de expectativa crees que ESO tiene en la mente de un nuevo distribuidor? También dije algo como:

"Vamos a construir este negocio juntos", cuando eso no era cierto. ELLOS necesitaban construir un negocio. Podría ser un recurso, pero no podría hacerlo por ellos.

Lo que diría más tarde fue esto: "Mi trabajo es ayudarte a independizarte de mí lo más rápido posible. ¿Está de acuerdo en que este es un buen objetivo?

Una vez más, esto fue radical, pero tenía sentido. Hasta entonces, tenía un grupo que dependía mucho de mí. Solo hicieron algo cuando los empujé. Pero Michael tenía un grupo que se produjo a sí mismo sin su ayuda constante. Tenía duplicación y libertad.

No. Esto estableció la relación para que Michael fuera el amo de su grupo y no su esclavo. Él podría mostrarles las habilidades y luego podrían desarrollarlas de forma independiente.

La tercera cosa que dijo fue esto: "Habrá altibajos a medida que desarrolle su negocio. Habrá buenos y malos momentos. Sabré que estás en un mal momento cuando no me estás llamando, cuando no asistes a las reuniones, cuando no recibes llamadas, cuando empiezo a escuchar excusas, cosas así. Cuando eso te pase a ti, y le pase a todo el mundo, ¿cómo quieres que me ocupe de eso? ¿Quieres que te deje en paz o quieres que sea más persistente y te recuerde por qué tomaste esta decisión al principio?

Esto fue brillante porque es cierto que todos tienen momentos en los que dudan de sí mismos. Les hizo saber que esto era natural y, al mismo tiempo, estableció la relación para que pudiera volver a encarrilarlos cuando sucediera.

Lo que Michael logró con estos tres conceptos fue tan diferente de lo que hice yo al prometer todo, que parecía como si fuera día y noche. Con mi estrategia, el distribuidor no haría nada y me vería actuar. Y si alguna vez estaba realmente ocupado o por alguna razón, no podía ayudarlo, me convertía en la excusa fácil y la razón por la que las cosas no estaban funcionando. Con la estrategia de Michael, la gente se independizó rápidamente. Podía aconsejarles de vez en cuando, pero no permitió que su grupo lo usara como excusa por su falta de resultados.

Mientras mis distribuidores luchaban, el suyo prosperó.

Entrevista para el plan de acción - Tercera parte

Michael revisaría una lista para comenzar, para ayudar a la nueva persona a tener una mejor oportunidad de tener éxito. El plan exacto sería diferente para cada empresa, pero el concepto era hacer todo lo posible para obtener resultados rápidamente.

A continuación, se muestran algunos ejemplos de lo que puede incluir en su lista para comenzar:

1) Asegúrese de que su nuevo distribuidor tenga los productos adecuados. Casi todas las empresas tienen productos que el distribuidor puede usar personalmente, así que asegúrese de que su nueva persona lo esté haciendo. Dependiendo de su empresa, esto puede incluir un compromiso mensual. Es muy importante que las personas desarrollen un vínculo emocional con sus productos y eso solo sucede si los están usando y disfrutando.

los beneficios. Además, muchas empresas tienen productos que se pueden probar o utilizar en demostraciones. En ese caso, los nuevos distribuidores deben contar con la dotación adecuada para que puedan estar debidamente preparados.

2) Asegúrese de que su nuevo distribuidor tenga las herramientas adecuadas. Hemos hablado de la importancia de las herramientas de terceros para construir un negocio de mercadeo en red grande y exitoso. Su nuevo distribuidor debe estar preparado para ayudar a sus posibles clientes con las herramientas que le permitan guiarlos profesionalmente a través del proceso de presentación.

3) Asegúrese de que su nuevo distribuidor esté en línea. Muéstrele cómo encontrar cosas en el sitio web de la empresa, dónde se llevarán a cabo los próximos eventos, dónde se llevarán a cabo los seminarios web, etc. Recuerde, nuestro objetivo es ayudarlo a ser independiente lo más rápido posible. Este es un paso importante para hacer realidad ese objetivo.

4) Asegúrese de que su nuevo distribuidor comprenda los entresijos

básicos del plan de compensación. Al principio, no necesitan conocer todo el plan en detalle, pero al menos deben comprender los puntos clave, así como lo que sucede financieramente a medida que avanzan en los primeros niveles.

5) Asegúrese de que su nuevo distribuidor tenga un conocimiento fundamental de cómo invitar adecuadamente a los prospectos, para que comprendan mejor lo que tienen para ofrecer. Puede evitar que corran y hablen y hablen con pocos o ningún resultado positivo, todo si les brinda un breve resumen.

cómo y por qué funciona un proceso de invitación profesional.

Entrevista para el plan de acción - Cuarta parte

Michael ayudó al nuevo distribuidor a crear un plan de acción para superar los primeros niveles y los desafió a hacerlo rápidamente. Él entendió, y me ayudó a entender, que será una carrera para ayudar a la persona a obtener resultados rápidamente. Si recibían un estímulo positivo, continuarían. Y si no lo recibían, tenían tendencia a desaparecer.

Cada empresa es diferente, por lo que este plan de acción también será diferente. Pero piense en las acciones simples que puede hacer que las personas realicen durante la primera semana para obtener los mejores resultados.

¿Cómo puedes conseguir tu primer cliente?

¿Cómo pueden conseguir su primer distribuidor?

¿Puede animarlos a que asistan a su primer evento de empresa?

¿Qué pasos puede tomar para ayudarlos a obtener su primer cheque de comisión?

El éxito en el mercadeo en red no fue algo real para mí hasta que recibí mi primer cheque de pago. Cuando llegó, todo cambió para mí. Empecé a soñar con crear una vida mejor para mí y mi familia. Ayudar a su nueva persona a comenzar rápidamente es vital.

Entrevista para el plan de acción - Quinta parte

Michael siempre terminaba estableciendo algunas tareas específicas. Una cosa que he aprendido es que los nuevos distribuidores anhelan instrucciones y responden increíblemente bien a tareas simples. Michael siempre concluía estableciendo estas tareas, así como una fecha límite en la que debían completarse. Le diría a su nuevo distribuidor que lo complete en una fecha específica. Es como una presentación durante el proceso de contratación. Pasas de presentación en presentación, pero eso no termina cuando se convierten en distribuidores. Los profesionales continúan pasando de una exposición a otra, de una tarea a otra.

El propósito de todo esto es ayudar al nuevo distribuidor a "cruzar la línea". Cuando alguien comienza, siempre hay una línea entre el éxito y el fracaso. En un lado de la línea, es más fácil dejar de fumar que continuar. Al otro lado de la línea, es más fácil continuar que renunciar.

¿Qué puede ayudar a una persona a traspasar la línea?

- Firma tu primer cliente.
- Firma tu primer distribuidor.
- Obtenga su primer cheque de comisión.
- Asiste a un evento de gran empresa.

- Haz amigos dentro de la organización.
- Proclame sus intenciones al mundo.
- Asciende a un nuevo nivel.
- Sea reconocido por algún logro.

Hay cientos de otras cosas que pueden ayudar a una persona a pasar de la raya. Como patrocinador, es su trabajo ayudarlos a superar la línea y MANTENERSE en la línea. Y la línea nunca se va realmente. Siempre está ahí y usted, como líder, necesita estar constantemente consciente de dónde se encuentra su gente a nivel emocional. De esa manera, puede continuar alentándolos a que nunca abandonen sus sueños.

CAPÍTULO 10
Habilidad # 7 - Promocionar eventos

En el mercadeo en red, las reuniones generan dinero. Es así de simple. Sí, la tecnología puede ayudarnos a conectarnos con más personas de formas cada vez más eficientes, pero nada reemplaza la interacción cara a cara.

Conocer a las personas una a la vez, en grupos pequeños o en eventos locales o de mayor escala, tendrá un gran impacto en el éxito a largo plazo de cualquier organización de mercadeo en red. Pero un tipo de evento en particular es el más grande. poder, y ese es el evento del "destino". Puede ser un evento patrocinado por la empresa o uno creado por quien esté por encima de ti en la cadena de mando, pero un evento de "destino" es aquel en el que la mayoría de los asistentes se mudan a una ciudad diferente, se hospedan en un hotel y participan en congresos y convenciones.

Algunos intentarán decir que los eventos de destino están muertos en el nuevo mundo tecnológico y que la gente ya no viajará para estos encuentros. Todo lo que puedo decirles es que estas personas no tienen los ingresos más altos en nuestra profesión. Si estudia lo que hacen las personas exitosas para construir sus organizaciones de mercadeo en red, descubrirá que prácticamente todas ellas utilizan los eventos de destino como un pilar para sostener sus negocios.

Hay algo mágico en salir de su rutina diaria y concentrarse completamente en sus sueños. La inmersión total, incluso si es solo por un fin de semana, es algo BUENO. Puede usarlo para redirigir y volver a comprometerse con su futuro y desarrollar la fuerza para volver a casa y hacer lo que sea necesario para impulsar su negocio.

Obtienes fuerza de las presentaciones que tienes que escuchar durante el evento. A veces, una persona dice algo en el momento adecuado de tu vida y eso te cambia para siempre. Hace más de 20 años, estaba en una convención cuando una persona llamada Johnny Daniel dijo: "Se puede saber el tamaño de un hombre por el tamaño del problema que lo colapsa". Ese reflejo tocó mi corazón y me ha ayudado desde entonces. Si alguna vez me siento triste o deprimido, algo dentro de mí dice: "¿Es este el tamaño de Eric?" Respondo "No", recupero la confianza en mí mismo y sigo adelante.

He tenido cientos de estos momentos a lo largo de los años en eventos de destino. Dejé de culparme a mí mismo en un evento.

Decidí hacerme profesional en un evento. Me di cuenta de que nadie podía detenerme en un evento. He decidido llegar a lo más alto en un evento. De hecho, cuando miro hacia atrás, no puedo pensar en un solo momento significativo en mi carrera de Mercadeo en Red que no haya sucedido en un evento. Eso es lo poderosos que son.

Además de ganar fuerza con los presentadores, también puede recibir una validación increíble de su decisión de participar. Es un concepto llamado "prueba social" y es extremadamente importante. Como seres humanos, estamos programados para buscar evidencia de fuentes externas a nuestros propios pensamientos y experiencias. En los eventos de destino, conocerá a muchas otras personas que han tomado la misma decisión que usted y eso se siente bien. También encontrarás a aquellos que han superado sus miedos y han alcanzado los niveles más altos de nuestra empresa.

Comenzará a pensar: "Si ellos pueden hacerlo, tal vez yo también pueda".

También hay una especie de presión positiva por estar entre tus compañeros. La mayoría de los eventos de destino incluyen programas de reconocimiento: quién ganó el concurso, quién subió al siguiente nivel, quién obtuvo los ingresos más altos o quién habló desde el escenario.

Cuando participé en mi primer evento y vi a toda la gente subir y bajar del escenario, pensé: "La próxima vez, estaré caminando en ese escenario". Fue inspirador que tanta gente haya logrado lo que yo todavía estaba por lograr. Me hizo pensar que podía hacerlo y me hizo trabajar en un plan para hacerlo posible. Además de estar inspirado, no quería presentarme al próximo evento sin ninguna mejora en mi negocio. Esa presión positiva de los compañeros me ayudó a enfrentar mis miedos y hacer que sucediera.

En general, el sentido de comunidad en los eventos de destino es reconfortante. Todos vivimos en un mundo lleno de gente ignorante cuando se trata del mercado en línea. Eso a veces puede resultar abrumador. Pero cuando vamos a un gran evento, estamos rodeados de personas que piensan como nosotros. Tienen creencias, esperanzas, sueños, aspiraciones y actitudes positivas como nosotros. Pasar tiempo con estos fascinantes grupos de personas puede llenarnos de nuevo para tener la fuerza para el próximo empujón.

Una vez que comprenda la importancia de los eventos de destino para el éxito de su negocio, debe aprender cómo promoverlos de manera efectiva para su organización. Es realmente muy simple: cuantas más personas de su grupo asistan a estos eventos, más dinero generará en nuestra profesión. Los principales líderes saben exactamente cuántas personas asistirán y se aseguran de aumentar ese número en cada nuevo evento.

Piénsalo. Imagínese dos distribuidores y cada uno tiene un grupo de 100 personas. El Distribuidor A lo convierte en una prioridad y consigue que todos asistan a los principales eventos de los destinos. El distribuidor B no le da esa prioridad, por lo que solo asisten unos pocos. ¿Qué grupo tendrá más éxito? Ni siquiera es una competencia.

El primer paso para desarrollar una cultura que fomente la asistencia a los eventos del destino es que usted personalmente sea el más comprometido de todos los demás a asistir y ayude a otros a tomar la misma decisión. Eso significa que debe predicar con el ejemplo y nunca perderse un evento de destino.

Cuando comencé en esta profesión, no sabía cómo lo iba a lograr. No tenía dinero y no podía permitirme el tiempo; tenía los mismos obstáculos que cualquier otra persona. Pero algo me pasó en mi primer evento que lo cambió todo. Recaude suficiente dinero para asistir y fue una experiencia increíble. El escenario, las luces, la gente, las historias, fue genial.

En una de las sesiones, salí a ir al baño y cuando regresé a la entrada del gran salón de convenciones, ¡estaba parado junto a una de las mayores generadoras de ingresos de toda la empresa! Era como estar al lado de una celebridad. Había logrado lo que yo quería lograr y más. Estaba tratando de pensar en algo inteligente que decirle. Al final terminé presentándome a él y preguntándole: "¿Cuál es el secreto?"

Hoy sé que no hay ningún secreto y que él podría haberme dicho lo mismo, pero en cambio tuvo un poco de compasión por mí y me dio una gran lección que me ha ayudado hasta el día de hoy. Dijo: "Eric, ¿ves esta habitación? Hay alrededor de 2.000 personas en él. Tenemos estos eventos aproximadamente 3 veces al año. Aqui esta el secreto. En el próximo evento, la mitad de estas personas no regresará, pero la otra mitad que regrese ganará casi el doble del promedio de los demás en esa habitación. Tu trabajo es estar dentro de las 1,000 personas que regresan. Y no se detiene ahí. En el próximo evento, la mitad de esas 1,000 personas no volverán, pero las 500 que regresen tendrán ingresos cuatro veces el promedio de los que están en la sala. Esto continúa de un evento a otro.

Dije: "¿Eso es todo?" Y él respondió: "Eric, obviamente vas a tener que seguir trabajando en tus habilidades entre eventos, pero mi experiencia me ha demostrado que si te quedas más tiempo que el resto de la gente en nuestros grandes encuentros, llegarás a la cima. "Eso fue algo muy sencillo de entender. Le agradecí y en ese momento me comprometí a no perderme ninguno de los grandes eventos de la empresa.

No fue fácil. En algunas ocasiones, la entrada para el evento en sí fue un problema. Lo convertí en una prioridad y encontré la manera de adquirirlos. En otras ocasiones, cuidar de mis hijos era un inconveniente. Busqué hasta que me cansé de las niñeras hasta que encontramos a alguien en quien confiar. A veces tuve problemas para encontrar la manera de llegar al evento. En lugar de tomar un vuelo directo agradable y cómodo, tuve que reservar vuelos con dos o tres conexiones. En lugar de volar, a veces tenía que conducir, incluso unirme a un vehículo con un grupo de personas para llegar allí. Hubo momentos en los que tuve que reservar un autobús y reclutar personas de mi área para dividir los costos.

El caso es que lo convertí en una prioridad y vine al evento, sin excusas ni excusas.

En lo que respecta al alojamiento, hoy me quedo en suites, pero no siempre fue así. Al principio era común para mí compartir habitación con la mayor cantidad de personas posible. En lugar de pedir el servicio de habitaciones, compramos alimentos en el supermercado para cocinar platos económicos. El minibar estaba religiosamente fuera de su alcance.

La conclusión es que el consejo que recibí hace tantos años FUNCIONÓ. Como era ambicioso y tenía hambre, encontré una manera de superar a las personas menos comprometidas y, como me dijo ese líder de ingresos, mis ingresos continuaron creciendo en cada evento.

Además de eso, sucedió otra cosa extraña. Empecé a sentirme diferente a los demás. Empecé a sentirme como un "Iron Man". Empecé a sentirme orgulloso de mi realidad, a seguir de pie cuando otros habían perdido la fe. Entonces, si estás más comprometido que el resto por asistir a los eventos del destino, ese gran compromiso con lo importante te ayudará mucho.

Una vez que esté completamente comprometido, el siguiente paso es aumentar la cantidad de personas de su equipo que asisten con usted. La mayoría de las personas anuncian sus próximos grandes eventos a su grupo, se relajan y esperan a que la gente se registre. Los profesionales comprenden que existe una gran diferencia entre ser un "anunciante" y ser un "promotor".

Los promotores hacen del evento una prioridad para su grupo. Son incansables con su mensaje. Cuentan historias que inspiran a la gente a actuar. No dan nada por sentado y no descansan hasta que la gente se ha inscrito. Crean una imagen en la mente de las personas de lo espectacular que será el evento y los beneficios de asistir. Una cosa que aprendí hace mucho tiempo fue nunca aceptar la excusa de nadie, al menos no al principio. No terminaría de contarles cuántas personas comenzaron a darme sus razones para no poder asistir al próximo evento de destino, para darse cuenta de que su razón era solo una excusa, y no era realmente cierto.

El problema con los aficionados es que compran la primera historia que escuchan y llegan allí. Una persona dice: "No puedo dejar mi trabajo", o "No puedo pagarlo", o "No puedo organizar el cuidado de los niños", o "¿Quién va a cuidar de mi perro?", O " Tengo una fiesta de cumpleaños ese fin de semana ". Y el aficionado dice:" Bueno, así es. Espero que puedas asistir al próximo. "

El profesional tiene su mente programada de otra manera. Cuando escuchan una objeción, no compran esa historia porque saben que probablemente no sea real, o al menos no lo suficientemente real. En cambio, trabajan con esa persona para ayudarla a comprender el significado y la importancia de asistir al evento. Luego piensan junto con ellos para encontrar una manera de superar el problema inicial.

No puedo decirte con cuántas personas he hablado que ya habían decidido no asistir al próximo evento y, en solo cinco minutos, cambiaron de opinión y se inscribieron. Lo que hay que aprender de esto es que tienes que contar tu historia, no creer la de ellos.

Piense en esta habilidad como si fuera una empresa que cotiza en bolsa y el valor de sus acciones está vinculado a la cantidad de personas que tiene en cada evento de destino. Si ese es el caso, sería su prioridad asegurarse de tener un mayor número de participantes en el próximo evento, ¿verdad? Puede comenzar asistiendo al primer evento por su cuenta, pero luego el objetivo debe ser llevar a otra persona al próximo evento y aumentar ese número para el próximo, el siguiente y el siguiente. No existe una varita mágica en el mercadeo en red, pero esta habilidad es lo más parecido a ella.

CAPÍTULO 11
Todo lo que vale la pena lleva tiempo

Si una persona inicia un negocio tradicional, espera recuperar su inversión en los primeros años y posiblemente amortizar su inversión inicial en los primeros cinco años. Pero cuando una persona comienza un negocio de mercadeo en red, espera recuperar su dinero en el primer mes, obtener ganancias en el segundo mes y hacerse rico en el tercer mes. Y cuando eso no sucede, ¡terminan culpando al mercadeo en red!

Es como si la gente no quisiera que las leyes del mundo empresarial se aplicaran al mercado de redes. SÍ tenemos un método mejor, pero no estamos vendiendo frijoles mágicos. Cualquier cosa que valga la pena requiere tiempo para desarrollarse.

Aprendí una lección muy importante al principio de mi carrera en el mercado en línea: de vez en cuando a lo largo de su vida, sus ingresos pueden dar un salto de suerte. Puede estar en el lugar correcto en el momento adecuado. Pero si no creces rápidamente como persona al siguiente nivel, tus ingresos volverán al nivel en el que realmente estás. Al final, solo puedes hacer lo que eres.

¿Cuántas personas conoces que se lo hayan pasado muy bien y lo hayan perdido todo? Aprendí esta lección de la manera más difícil en mis primeros meses en MLM. Era el año 1988 y me había unido a una empresa que tenía un paquete de prepago de $ 5,000 y que le pagaba al patrocinador entre $ 1,200 y $ 2,400, dependiendo de su nivel. Aunque me alegro de que esos grandes paquetes de dinero hayan dejado nuestra profesión, en ese entonces una persona podía obtener mucho dinero muy rápido.

Durante mi primer mes en esa empresa, ¡gané alrededor de $ 7,400! Si recuerdas, mi estrategia fue llamar a los amigos de mi padre antes de que él los llamara. ¡Fue fantástico! En mi segundo mes, gané alrededor de $ 12,200. ¡Increíble! Pero fue entonces cuando el golpe de la realidad me golpeó. No era una persona de $

12,000 al mes. No había trabajado en mis habilidades. No me estaba desarrollando. Me dejo llevar por la corriente. Mi cheque del tercer mes fue de $ 1,098.60. Ver ese cheque fue verme directamente en el espejo. Me mostró quién era. Era un sentimiento horrible.

Mi primera reacción fue darme por vencido y culpar a todo y a todos por mi pésimo cheque. Pero poco después me di cuenta de que para ganar más, necesitaba ser más. Necesitaba trabajar en mis habilidades para no tener que dejar todo al azar, el momento o mi puesto.

Es posible que haya escuchado, "Puede hacerse rico rápidamente", o "No tiene que trabajar", o "El producto se vende solo", o cualquier tipo de argumento sobrevalorado. Debe aprender a rechazar esas expectativas falsas y poco realistas y trabajar en TI.

Fórmula 1/3/5/7

Hay una fórmula que he visto que funciona en nuestra profesión. Yo la llamo la fórmula 1/3/5/7. Como regla general, tardará un año en ser competente y tener devoluciones en el mercado online. Conocerás los conceptos básicos; podrás cubrir tus gastos y estarás aprendiendo. Le tomará aproximadamente tres años de esfuerzo constante a tiempo parcial para llegar a la dedicación a tiempo completo. Le tomará alrededor de cinco años de esfuerzo constante tener ingresos de seis dígitos o más. Y le llevará unos siete años de esfuerzo constante para convertirse en un experto.

Eso no significa que no pueda hacer más que eso a corto plazo. Mucha gente lo hace. Simplemente significa que si desea MANTENER un nivel de ingresos como ese, eventualmente debe convertirse en un experto.

Cuando lo piensas, siete años no es tanto tiempo, especialmente cuando mucho de eso es a tiempo parcial. De todos modos, vas a tener siete años más. De todos modos, y podría aprovechar ser un experto en ese período en lugar de simplemente seguir la corriente.

Cómo aprender.

Una vez que se compromete a concentrarse en sus habilidades, el siguiente paso que debe dar es encontrar las mejores formas de aprender. Una de las mejores cosas que me pasó fue darme cuenta de que no hay malas experiencias ni buenas experiencias, solo experiencias de aprendizaje. Este fue un descubrimiento significativo. En otras palabras, olvídate del resultado y céntrate en lo que puedes aprender de cada experiencia. Esto me quitó mucha presión. Empecé a concentrarme en CUÁNTAS experiencias podía tener, porque cuanto más tenía, más podía aprender.

Otro atributo de ser una fuente de ingresos superior en MLM es lo que yo llamo "un aprendiz activo". Como profesionales, siempre están aprendiendo, siempre están creciendo y siempre están tratando de ser mejores. Lou Holtz lo ha dicho de la mejor manera: "En este mundo o estás creciendo o estás muriendo, así que mantente activo y crece".

Creo que eso es cierto. Nunca dejes de aprender.

Modele una actitud de éxito.

Trate de evitar querer reinventar la rueda cuando se inicie en esta profesión. El trabajo duro ya está hecho. Independientemente de la empresa en la que se encuentre, es fácil encontrar a alguien que tenga mucho éxito. No importa si se trata de conseguir clientes, encontrar prospectos, invitar, presentar, hacer un seguimiento, cerrar tratos, hacer que las personas comiencen, organizar un evento o cualquier otra habilidad, ahora mismo hay personas en su empresa que las han dominado. ¡Y a diferencia de otras profesiones, las personas exitosas de su empresa están dispuestas a compartir sus secretos! Todo lo que necesita hacer es modelar su actitud y comenzar a disfrutar de sus resultados. Estudio

Empecé con programas de audio. En 1988, alguien me dio una copia de una charla que J. Rohn tuvo con la compañía Shaklee, se llamaba "La semilla y quién es la cosecha", y sacudió a todo mi mundo. Podría apostar que debí haber escuchado esa cinta en mi auto unas 500 veces. A partir de ahí, hice mi tarea sobre J. Rohn y compré su programa de audio llamado "El desafío del éxito". El Sr. Rohn me dio esperanza, pero más que eso, me guió en mi continuo desarrollo personal. El programa de audio puso en marcha mi viaje de desarrollo personal.

A lo largo de los años, continué con docenas de programas de audio diferentes, todos los cuales me ayudaron increíblemente a mantener mi mente actualizada. Hay algo mágico en el audio. Le susurra al oído, recordándole sus sueños, su potencial y cómo alcanzarlos. Además, es repetitivo. Probablemente no leerá un libro una y otra vez, pero escuchará un programa de audio una y otra vez, especialmente si es entretenido. Y parece que cada vez es diferente, y lo es, porque TÚ eres diferente.

J. Rohn también me enseñó a ser lector. No importa lo que intentes aprender, hay alguien que ha dedicado toda su vida a ese tema y te lo ofrece por unos centavos. Acepta esa oferta.

En nuestra sociedad centrada en la electrónica, y con una falta de atención, parece que menos personas leen libros.

Eso no es cierto para los líderes. Más importante aún, pregúnteles qué están leyendo. No era un gran lector antes de unirme al mercado online como profesional. Pero desde 1988, he leído una media de cuatro libros al mes. Esos libros han dado forma a mi vida y mi carrera para mejor. Comprométete a leer solo 10 páginas al día y en un mes leerás un libro de 300 páginas. Ese es un muy buen comienzo. Video

Los videos también son una muy buena fuente de aprendizaje. A veces me gusta ver programas de entrenamiento en lugar de simplemente escucharlos. Es parte de las razones por las que decidí usar el video como mi enfoque principal en NetworkMarketingPro.com. Me di cuenta de que si creaba un video corto con información interesante todos los días, la gente recibiría cosas de gran valor.

Internet ha cambiado la forma en que aprendemos y obtenemos información. Puede aprovechar los tutoriales en línea, ver videos en línea, asistir a seminarios web o incluso ver eventos "en vivo" con tecnología de transmisión. Eventos (editar)

La mejor manera que conozco de hacer suya la información que cambia la vida es asistiendo a eventos en vivo. Como ya les dije, la mayoría de mis momentos decisivos han sido en eventos. Por un lado, siempre hay buena información para una persona que esté dispuesta a escuchar. Por otro lado, cuando elimina todos los demás distractores de su vida y simplemente se concentra, como lo hace cuando está en un evento, tiene la oportunidad de escuchar de verdad. Ambos lados son buenos.

Cuidado con los distractores

Con todas las ofertas disponibles en términos de estudio de su oficio ahora, más que nunca, debe tener cuidado con lo que permite en su mente. La gente en todas partes tratará de distraerte con su último y más grande descubrimiento y puede ser muy tentador participar en esas oportunidades. Debes concentrarte en reducir tus habilidades: encontrar prospectos, invitar, presentar, dar seguimiento, cerrar tratos, hacer que las personas comiencen y promover eventos. Asegúrese de dominar ESAS habilidades antes de agregar cualquier otra cosa a su lista de tareas pendientes.

actuar

Casi todo el aprendizaje en MLM está en proceso. Si desea aprender a hablar con la gente por teléfono, hable con más personas por teléfono. Si quieres aprender a hacer presentaciones en casa, haz más presentaciones en casa. Seguramente descubrirás cómo hacerlo. Eso no significa que no debas seguir buscando el conocimiento en las habilidades necesarias para tener éxito en MLM, pero sí significa que no debes esperar a tener todo el conocimiento antes de comenzar a actuar.

Parte de la razón por la que las personas evitan actuar es porque tienen miedo de hacer el ridículo. Si desea tener éxito en el mercadeo en red, debe aprender a dejar de lado el miedo. He aquí por qué: es muy difícil verse bien y mejorar al mismo tiempo. En lugar de tener miedo de cómo se ve cuando está aprendiendo y creciendo, tenga miedo de no actuar y vivir una vida a una fracción de su potencial.

Déjame darte un concepto que me ha servido durante más de 20 años en el campo del desarrollo de mis habilidades. A principios de los 90, un amigo y yo comenzamos a buscar un gran producto para el mercadeo en red. Viajamos por todo el país y conocimos a mucha gente interesante. Nuestro viaje nos llevó a una organización en Michigan llamada High Scope Educational Research Foundation. Tienen un método progresivo y probado para enseñar a los niños a aprender de manera más eficaz.

High Scope tiene varios componentes, pero uno que me impresionó entonces y que he usado hasta el día de hoy se llama "planbeam-check". El proceso se explica de la siguiente manera: "En el proceso de planificar-tener-verificar, los niños hacen planes, los llevan a cabo y luego reflexionan sobre lo que han hecho. Al hacer esto, los niños aprenden a tomar la iniciativa, a resolver problemas, a trabajar con otros y a lograr sus objetivos; este juego se convierte en algo con un mejor propósito y enfoque. Al hacer del proceso planificar-hacer-revisar una parte integral y exitosa de las actividades diarias de los estudiantes, aprenderá que puede promover el aprendizaje y fortalecer los intereses y la motivación intrínseca de los niños. "

Mientras escuchaba lo que decían sobre su uso como una herramienta de enseñanza para los niños, lo único que estaba en mi mente era cómo podría usarlo para mí y para las personas de mi organización. Aunque las cosas no funcionaron para convertir High Scope en un producto de mercadeo en red, siempre estaré agradecido por ayudarme a mí y a cientos de miles de personas en todo el mundo que están usando este concepto para construir mejores negocios.

Aquí veremos cómo he usado y enseñado el concepto durante más de 20 años:

Elija una habilidad que desee desarrollar.

1. Hacer un plan.
2. HAZ lo que planeaste.
3. REVISE sus resultados para ver cómo puede hacerlo mejor la próxima vez.

La mayoría de la gente no hace un plan, simplemente sale.

FABRICAR. Todavía hay muchas más personas que nunca REVISAN sus resultados para ver cómo pueden mejorar. ¿Ves cómo todo esto se relaciona con el hecho de que no hay buenas y malas experiencias, solo experiencias de aprendizaje?

1. Hacer un plan.
2. HAZ lo que planeaste.
3. REVISE sus resultados, buenos o malos, para ver cómo puede mejorar la próxima vez.
4. Haga un mejor PLAN.
5. HAZ el mejor plan.
6. REVISE esos resultados, buenos o malos, para ver cómo puede mejorar la próxima vez.
7. Nunca dejes de aplicar el proceso de planificar-hacer-revisar y tarde o temprano te convertirás en un experto a través de prueba y error.

Este pequeño "secreto" para aprender MLM es uno de los más poderosos que he compartido. Se ha convertido en parte de mi ADN y espero que te suceda lo mismo.

Enseña

¿Le sorprendería saber que la enseñanza es una de las mejores formas de aprender? Es cierto. Si realmente quieres dominar algo, enséñale a los demás. La enseñanza hace que las cosas se queden en tu cerebro como ningún otro método.

¡Nadie excepto yo! Tengo que pensarlo, prepararlo y presentar un mensaje todos los días, así que me ayuda a ser ágil y estar al tanto de lo que sé. La lección para cada uno de ustedes sería encontrar a alguien a quien enseñar, incluso si solo tiene una persona en ese grupo. Comience de esta manera a medida que su grupo crece, busque más y más oportunidades para enseñar. Serás el más beneficiado.

Tus relaciones

Ésta es otra lección importante de Jim Rohn. Me enseñó la Ley de las Relaciones, que dice que serás el promedio de las cinco personas con las que pasas más tiempo. Pensarás como ellos piensan, actuarás como ellos actúan, hablarás como ellos hablan y ganarás lo que ellos ganen. Déjame decirte una cosa: esa ley es real. No puedes ir contra él.

He hecho tres cosas a lo largo de mi carrera en lo que respecta a mis relaciones.

Primero, Dejé de relacionarme con personas que eran tóxicas para mi vida. Esta no es una decisión fácil, pero es muy importante. Algunas personas te deprimirán constantemente.

Segundo, He limitado mis relaciones con personas negativas o con personas que no me estaban ayudando en mi crecimiento hacia mis sueños. He aprendido a pasar menos tiempo con estas personas y más tiempo con influencias positivas.

Y tercero, he trabajado para ampliar mis relaciones con personas que pueden ayudarme a ser una mejor persona y un mejor profesional. Si tiene la intención de aprender a ser un experto en la profesión del mercado de redes, tiene sentido encontrar una manera de pasar más tiempo con personas que tienen las habilidades que está buscando, ¿verdad?

Si es algo estresante para usted pensar en cuando está analizando a las cinco personas, con lo que actualmente está pasando su tiempo, aquí tiene un pequeño consejo: Aproximadamente cada seis meses, una de esas cinco personas cambiará. Se mudarán, conseguirán un nuevo trabajo, comenzarán una relación, terminarán una relación, algo sucederá. El secreto es que, cuando eso suceda, elige sabiamente cuando estés pensando en quién va a ocupar ese lugar. La mayoría de la gente no pensará en esto en absoluto. Solo permiten que la nueva persona ocupe ese lugar. Eso es un gran error. Encuentra a alguien que te impulse hacia adelante. Encuentra a alguien que te inspire.

Espero que estas sugerencias sobre los procesos de aprendizaje para ser un profesional te hayan sido de ayuda.

Está bien soñar en grande, pero también hay que tener paciencia. Cualquier cosa de valor requiere tiempo. Continúe desarrollando sus habilidades y conviértase en un estudiante permanente. Esas habilidades estarán contigo por el resto de tu vida.

Hay un concepto más que necesito que comprendas. He examinado a los que más ganan en mercadeo en red, los entrevisté y nos hemos hecho amigos. ¿Sabes qué tienen todos en común? Ellos trabajan duro. No me malinterpretes, tienen un alto nivel de vida y aman lo que hacen, pero se rompen el alma al hacerlo. Si quieres tener éxito en MLM, tendrás que hacer lo mismo.

En el Network Market no se trata de suerte, oportunidad, ubicación o registrar a esa persona mágica que te hará rico. La libertad es posible, pero no es gratuita. Se necesitará mucho trabajo para ser coherente cuando el mundo intente distraerte. Se necesitará mucho trabajo para aprender las habilidades necesarias para el éxito a largo plazo. Se necesitará mucho esfuerzo para convertirse en el líder que debe ser.

Algunas personas en el mercadeo en red se desaniman cuando se dan cuenta de que se requiere trabajo. La mayoría de ellos se unen esperando que sean unas vacaciones. Cuando sienten el dolor del crecimiento, huyen. Sé diferente. Puede ser difícil trabajar, pero es un buen trabajo y es la mejor manera que conozco para que la persona promedio disfrute de total libertad.

CAPITULO 12
Todo vale la pena

El mercadeo en red puede ser un desafío. Es una experiencia emocional. Los altibajos pueden ser dramáticos. Pero, al final y por muchas razones, todo merece la pena. La carrera que crearás.

Si decide convertirse en un profesional de mercadeo en red, no solo generará ingresos para usted, sino que también creará una carrera. Pienso mucho en esto. Considero las habilidades necesarias para ser médico, abogado, director ejecutivo de una gran empresa o incluso un músico de talla mundial. Estamos hablando de un alto nivel de habilidades y un alto nivel de ingresos.

Ahora considere las habilidades necesarias para convertirse en un profesional de mercadeo en red. ¡Son diminutos en comparación! Y, sin embargo, los profesionales del mercadeo en red tienen niveles más altos de ingresos y ciertamente un mayor grado de libertad.

Si echas un vistazo a mi carrera, hay una barrera de entrada (lo difícil que es ingresar) y una ganancia a largo plazo (lo que obtienes una vez que ingresas). Por ejemplo, un médico puede tener 12 años de estudios más una residencia médica. Eso requiere inteligencia que algunos de nosotros no tenemos, dinero que algunos de nosotros no tenemos, o incluso las conexiones que algunos de nosotros no tenemos. Al final, logran disfrutar de un beneficio a largo plazo (aunque muchos de ellos dirían que tal beneficio no merece su inversión).

Siempre existe un rango entre la barrera de entrada y el beneficio a largo plazo. No tengo ninguna duda de cómo, de todas las profesiones en el mundo, la profesión de mercadeo en red ocupa el mejor lugar en comparación con la baja barrera de entrada y los altos rendimientos a largo plazo de su inversión.

Una de las mejores decisiones de mi vida fue seguir una carrera en mercadeo en red en lugar de simplemente perder el tiempo. Convertirme en profesional marcó una gran diferencia, y ahora es muy divertido dedicar mucho tiempo a ayudar a otras personas a hacer lo mismo.

La libertad que disfrutará

Libertad es una palabra interesante. Cuando se trata de trabajo, creo que entendemos el concepto, pero no el significado completo. Para mí, la libertad significa tener opciones. Significa vivir la vida que quiero vivir en lugar de la vida que otras personas quieren que viva.

¿Recuerdas la imaginación que tenías cuando eras niño? Imagina tu vida sin límites.

- Te despiertas cuando terminas de dormir.
- Haces un trabajo que es gratificante y te hace feliz.
- Puede trabajar con personas que le gustan.
- No tienes que ceder todo el tiempo.
- Trabajas cuando quieres trabajar, pero también juegas cuando quieres jugar.
- Pasas mucho tiempo con personas que son importantes para ti.
- Vives a lo grande y no pierdes el tiempo en una caja.

Cuando tenga una idea clara de lo que realmente es la libertad, verá que el precio a pagar en el Network Marketing es muy bajo. Enfrentar sus miedos y vivir una vida libre es fácil. Pasar el resto de sus días viviendo la mitad de su vida es algo difícil.

Las vidas que tocarás

Una cosa es crear libertad para usted y su familia, pero otra es ayudar a otra persona a hacer lo mismo.

Hay tanta gente peleando en este mundo. Tiene la capacidad de ayudar a las personas a ver lo que pueden hacer para su beneficio. Puedes dar esperanza a quienes no la tienen. Puedes animarlos a lograr sus sueños. Puede darles la inspiración que necesitan para superar sus miedos.

Una de mis mayores alegrías es aparecer en el testimonio de otra persona. Es genial escuchar que alguien se perdió y que de alguna manera, no importa lo pequeño que sea, pude ayudarlo a encontrar su camino. El mercadeo en red le permite hacer esto a gran escala. No solo ayudas a una persona, sino que ayudas a cientos o incluso miles a vivir una vida mejor. Y lo más emocionante es que esto es solo el comienzo.

Es como arrojar una piedra a un estanque. Cuando llega al agua, puedes ver que las ondas se hacen cada vez más grandes hasta que tocan cada borde del estanque. En el mercadeo en red, a veces no ves las olas. Tal vez sea consciente del impacto que tuvo en la vida de una persona, o tal vez dos o tres oleadas más, pero el efecto continúa creciendo independientemente de si lo ve o no.

Por eso hago lo que hago. Por eso escribí este libro. Sé que tendrá un impacto positivo en la gente y que es una piedra que se tira al agua. Pero luego tendrán un impacto positivo en los demás y comenzarán las ondas, y luego esas personas harán lo mismo, una y otra y otra vez.

Con el mercadeo en red, realmente puede marcar la diferencia. Las personas que conocerás

El mercadeo en red me ha presentado a las personas más increíbles. Esta profesión te brinda la oportunidad no solo de expandir tu grupo de amigos, sino también de poder pasar más tiempo con ellos. Nunca encontrarás un grupo de emprendedores más apasionado en ninguna otra profesión. Estas personas aman la vida y dedican su tiempo a animarse mutuamente. Aquí hay un ejemplo de lo que eso significa para mí y lo que podría significar para ti. Puedes nombrar prácticamente cualquier estado de los Estados Unidos de América o casi cualquier país del mundo, e inmediatamente te viene a la mente la imagen de un amigo.

El mercadeo en red también me ha presentado a muchos de mis héroes. He tenido la suerte de compartir el escenario y hacerme amigo de grandes personas, incluidos A. Robbins, B. Tracy, D. Waitley, el difunto S. Covey, T. Peters, L. Brown, el difunto Og Mandino, D. Bach, R. Kiyosaki, H. Mackay, A. Williams, K. Blanchard, T. Rath, D. Pink, MV Hansen, J. Canfield, J. Gitomer, G. Vaynerchuk, T. Hopkins y muchos, muchos más . Además de todo eso, he podido aprender de más profesionales de MLM que han ganado al menos un millón de dólares de los que puedo contar. Todos ellos han tenido un impacto positivo en mi vida y mi carrera.

Esta profesión también me ayudó a conocer a mi increíble esposa, Marina. Ella estaba en Moscú para un gran evento de capacitación de MLM y asistió al evento con su familia. Como podía hablar muchos idiomas, estaba ayudando a traducir entre bastidores. Estuve enamorado. Nuestra primera cita fue en la Plaza Roja a la medianoche, después del evento, con la nieve cayendo suavemente a nuestro alrededor. Nunca olvidaré. Hemos estado juntos desde entonces. No estoy diciendo que encontrarás el amor de tu vida en MLM, pero estoy diciendo que encontrarás amistades que durarán toda la vida.

Los lugares que verás

Si construye un negocio de mercadeo en red grande y exitoso, sucederán algunas cosas. Primero, ganarás algunos viajes que serán los mejores viajes de tu vida. En segundo lugar, deberá apoyar a su organización a medida que se expande a todos los territorios o países en los que la empresa opera. Y tercero, tendrá suficiente tiempo y dinero para viajar donde y cuando quiera.

Se ha dicho que su vida se puede medir en función del número y la intensidad de las experiencias vividas. Si eso es cierto, ya he vivido una larga vida. He visitado todos los estados de los Estados Unidos excepto Alaska, que cambiará pronto. He visitado más de 40 países del mundo. He podido nadar en el Gran Arrecife, pasear por Santa Sofía en Estambul, visitar las torres gemelas en Malasya, pasear en bote por la isla James Bond frente a la costa de Tailandia, las ciudades de tiendas de campaña en Nigeria, montar una enorme rueda de la fortuna en el Puerto de Singapur, estaba en un recorrido privado por la Casa Blanca, vi un amanecer de Año Nuevo en el Gran Cañón, disfruté de una comida de 30 platos en el mundialmente famoso restaurante El Bulli en España, viajé por los canales desde Ámsterdam,

TODO esto y mucho más ha sido una realidad porque acepté la gran profesión del Network Marketing. A ti te puede pasar lo mismo.

Las causas a las que puede contribuir
Hay muchas causas nobles. Tal vez quieras dar algo de dinero a tus padres, a alguien de tu familia oa una organización que signifique algo para ti. En 2011, le pregunté a Harvey Mackay, famoso escritor, exitoso hombre de negocios y activista comunitario, sobre su secreto para el éxito. Me contó esta historia.

"Eric, mi padre se sentó conmigo después de graduarme de la Universidad de Minnesota a los 21 años. Fui un poco arrogante; Iba a hacer mío el mundo, iba a empezar desde arriba y subir más y más alto. Entonces me dijo: 'Harvey, el 25 por ciento, una cuarta parte de su vida, de ahora en adelante, estará dedicada al voluntariado'. No sabía a qué se refería, aparte de que comencé a ofrecerme como voluntaria para todo. En United Way, los Boy Scouts, el Ejército de Salvación, March of Dimes, todo. Déjame contarte lo que esa experiencia ha hecho por mí a lo largo de mi vida. Al estar en todos esos consejos y ser parte de tantas organizaciones benéficas, me convertí en un mejor comunicador. Me convertí en un mejor líder. Me convertí en un mejor vendedor porque todo lo que estaba haciendo era recaudar dinero para los más de 20 consejos en los que he estado. Me convertí en un mejor gerente de ventas. ¿Te imaginas cuántas personas nuevas conocí solo por ser voluntario? Mi red creció enormemente.

Pero lo mejor que pasó fue mi sensación de ser un ciudadano del mundo. Saber que lograste ayudar a otro ser humano y poder ver los resultados, es una sensación increíble. Estoy muy agradecido con mi padre por sus consejos que cambiaron mi vida".

Esta entrevista cambió MI vida ya que impactó mi forma de pensar sobre la contribución. Siempre había pensado que solo había una forma de ayudar a una causa noble, y era con tu dinero. Pero después de mi conversación con Harvey, me di cuenta de que hay tres formas de ayudar.

La primera es con tu dinero. Ciertamente puede escribir un cheque, y eso es muy bueno. El mercadeo en red puede permitirle emitir cheques más grandes de lo que jamás imaginó.

El segundo es con tu tiempo. Como dijo Harvey, puedes dedicar una parte de tu vida a causas que son importantes para ti. Eligió el 25 por ciento. Puedes elegir lo que quieras, pero te aconsejo que lo hagas. Y por tiempo, no me refiero a que pases unas horas aquí y allá en un refugio o haciendo algo. Me refiero a dedicar su tiempo a pensar de forma creativa, crear conciencia y recaudar dinero.

Y el tercero es probablemente el más importante, y es usar su influencia. Utilice el tiempo que dedicará a apoyar su causa y ponga todo en su influencia. Inspire a su organización a hacer algo grandioso con usted. Anime a su empresa a participar. Utilice su red para hacer grandes cosas. Eres poderoso y aún más por tu participación en el mercadeo en red. Usa tus influencias para bien. Cambiará tu vida y la hará mejor. La persona en la que se convertirá en el proceso

El mercadeo en red cambió mi vida para mejor porque me obligó a convertirme en una mejor persona. Como profesión, llevamos productos y servicios a los clientes que los desean, pero nuestro verdadero propósito es aún más profundo.

En esencia, esta profesión es una incubadora para el crecimiento personal.

- Aprenderás a afrontar tus miedos.
- Aprenderá a resolver problemas.
- Aprenderá a alimentar su mente con lo positivo y protegerla de lo negativo.
- Aprenderás a hacerte más fuerte.
- Aprenderá a ser un líder.

Cuando comencé en esta profesión, casi todo lo hacía con miedo. Tenía miedo de no tener éxito. Tenía miedo de que se me acabaran las perspectivas. Tenía miedo de que se me pasara la oportunidad. Pero, con el paso del tiempo, ese miedo desapareció. Decidí concentrarme en mí y en mis habilidades en lugar de todas las cosas que no podía controlar, y luego todo se volvió más claro. Aprendí el verdadero secreto del Network Marketing.

El mayor beneficio es no obtener lo que desea. El mayor beneficio es en lo que necesitará convertirse para obtener lo que desea. Aprendí lo que siempre ha estado ahí y lo que se ha transmitido de generación en generación. El viaje lo es todo.

www.ingramcontent.com/pod-product-compliance
Lightning Source LLC
Chambersburg PA
CBHW052353220526
45465CB00003BA/1079